Besser scheitern

Film + Video

Herausgegeben von / Edited by
Hubertus Gaßner und / and Brigitte Kölle

HAMBURGER KUNSTHALLE
Verlag der Buchhandlung Walther König

Bas Jan Ader gewidmet / Dedicated to Bas Jan Ader

Inhalt / Contents

5	Brigitte Kölle	*Besser scheitern*
10	Wilhelm Genazino	*Omnipotenz und Einfalt. Über das Scheitern*
15	Merle Radtke	*again and again and again – Buster Keaton & Charlie Chaplin in der Endlosschleife des Scheiterns*
18	Marina Abramović	
22	Vito Acconci	
26	Bas Jan Ader	
38	Francis Alÿs	
44	John Baldessari	
48	Guy Ben-Ner	
52	Tacita Dean	
56	Rineke Dijkstra	
60	Tracey Emin	
62	Jeanne Faust	
64	Fischli & Weiss	
68	Ceal Floyer	
70	Annika Kahrs	
74	Steve McQueen	
78	Bruce Nauman	
84	Christoph Schlingensief	
88	Gillian Wearing	
90	Brigitte Kölle	*Fail better*
95	Wilhelm Genazino	*Omnipotence and Naivety. On Failure*
99	Merle Radtke	*again and again and again – Buster Keaton & Charlie Chaplin in the endless loop of failure*
102	Impressum / Colophon	

Besser scheitern

Brigitte Kölle

Es ist das Jahr 1936. Während seiner mehrmonatigen Deutschlandreise macht der dreißigjährige, von literarischer Erfolglosigkeit geplagte Samuel Beckett zunächst 64 Tage in Hamburg Station. Er besucht Konzerte, Theater, Universität und knüpft Kontakte zur örtlichen Kunstszene. Vor allem die Hamburger Kunsthalle hat es dem jungen Schriftsteller aus Dublin angetan und so besucht er sage und schreibe elf Mal sowohl ihre öffentlichen Sammlungen als auch die Museumsdepots. In seinen Tagebüchern, den so genannten *German Diaries*, die nach seinem Tod im Jahr 1989 gefunden und veröffentlicht werden, erwähnt Beckett lobend das schöne Gebäude und die wunderbare Präsentation der Kunst. Fast 50 Jahre später wird der inzwischen international hoch geschätzte und betagte Beckett in *Worstward Ho* (1983) jene Zeilen niederschreiben, die für unsere Ausstellung *Besser scheitern. Film + Video* mit 17 Künstlerinnen und Künstlern und ihren filmischen Werken von den 1960er Jahren bis heute sowohl Inspiration als auch Leitmotiv wurden:

Alles seit je. Nie was anderes.
Immer versucht. Immer gescheitert. Einerlei.
Wieder versuchen. Wieder scheitern. Besser scheitern.

*

Eines der Hauptwerke der Sammlung der Hamburger Kunsthalle ist das Bild *Eismeer* (1823/24) von Caspar David Friedrich. Es zeigt eine arktische Seelandschaft mit aufragenden, massiven Eisschollen, unter denen nur noch Teile von Heck und Mast eines gekentertes Segelschiffs erkennbar sind. Über lange Zeit trug dieses Bild aufgrund einer Verwechslung mit einem früheren Bild des Malers den Titel *Gescheiterte Hoffnung*. Es ist ein äußerst interessantes Werk, nicht zuletzt weil die Motivation zur Entstehung des Bildes vielfältig gewesen sein kann: Seien es die zu Beginn des 19. Jahrhunderts öffentliche Aufmerksamkeit erregenden Nordpol-Expeditionen, das naturwissenschaftliche und maltechnische Interesse an der Darstellung von Kristallisationsprozessen von Wasser und Eis, die persönlichen Rückschläge des Künstlers oder gar sein Kindheitstrauma (als Zwölfjähriger war Friedrich beim Schlittschuhlaufen ins Eis eingebrochen, sein jüngerer Bruder überlebte den Unfall nicht). Der zeitgeschichtliche Hintergrund des Bildes ist das Umfeld des so genannten *Vormärz*, also die politische Situation in Deutschland nach den Karlsbader Beschlüssen von 1819, als sich die Hoffnungen auf demokratische Bürgerrechte und Pressefreiheit zerschlugen und einer zunehmenden „Vereisung" und Erstarrung des politischen und sozialen Klimas wichen. Caspar David Friedrichs Auseinandersetzung mit dem Thema des Schiffbruchs ist unzweifelhaft eine Allegorie des Scheiterns. Der Schiffbruch ist seit jeher einer der beiden grundlegenden Bilder des Scheiterns. Das zeigt sich auch in der Entwicklung der Sprache, denn die etymologischen Wurzeln des Verbs *scheitern* liegen im Substantiv *Scheit*, dem gängigen Ausdruck für in kleine Stücke geschlagenes Holz. Seine geläufigste Verwendung fand das Wort *scheitern* als Bezeichnung für den Schiffbruch. Früher war es üblich zu sagen, ein Schiff sei gescheitert, wenn es auf Grund gelaufen oder an Klippen zerschellt war. Erst im Laufe des 17. Jahrhundert beginnen wir, vom Scheitern auch im übertragenen Sinn zu sprechen: versagen, fehlschlagen, misslingen, schiefgehen ...

*

Neben dem Schiffbruch gibt es eine weitere große Metapher des Scheiterns: Es ist das Bild vom Fall. Der schiffbrüchige Odysseus und der fallende Ikarus führen uns seit der Antike das Scheitern sinnbildhaft vor. Werk (und Leben) des Künstlers Bas Jan Ader erzählen von diesen beiden großen Bildern des Scheiterns. Um 1970 drehte Bas Jan Ader eine Reihe von 16 mm Filmen, in denen er selbst zum (fallenden) Objekt seiner Darstellung wurde: Er balanciert auf dem Dachfirst seines Hauses, verliert sein Gleichgewicht und stürzt; er fährt mit dem Fahrrad in eine Gracht in Amsterdam; er baumelt an dem Ast eines Baumes – so lange bis er sich nicht mehr festhalten kann und die Schwerkraft ihn überwältigt. Der nüchtern-sachliche Beobachtungsstil dieser kurzen Schwarz-Weiß-Filme ist bezeichnend für die Konzeptkunst der 1970er Jahre, doch sollte man sich nicht durch die lapidar wirkende Weise der Darstellung über die existentielle Dimension von Aders Kunst hinweg täuschen lassen. Der Künstler, der sich intensiv mit Literatur und Philosophie beschäftigte, setzte selbst in Äußerungen über seine Kunst das Fallen mit dem Scheitern in Verbindung und wies auf die sprachliche Ähnlichkeit der englischen Verben *to fall* und *to fail* hin.

Sein letztes, großes Projekt nannte Bas Jan Ader *In search of the miraculous* [Auf der Suche nach dem Wunderbaren], in Anlehnung an ein gleichnamiges Buch des russischen Schriftstellers P. D. Ouspensky (1878–1947), der sich zeitlebens mit Möglichkeiten der Welterfahrung und der Selbsterkenntnis beschäftigte. Seine eigene sehnsuchtsvoll-romantische Suche nach dem Wunderbaren legte Ader als Trilogie an. Einer Ausstellung in der Claire Copley Gallery in Los Angeles im April 1975 sollte der zweite Teil folgen, welcher für den aus Holland stammenden und seit vielen Jahren in Kalifornien lebenden Künstler zugleich eine Reise in die eigene Vergangenheit bedeutete: Bas Jan Ader plante, ganz allein von Nordamerika nach Europa zu segeln und dabei zu versuchen, den Weltrekord einer Einhand-Atlantiküberquerung im kleinsten Segelboot aufzustellen. Nach seiner Ankunft in Europa soll dann eine Ausstellung im niederländischen Groningen die Trilogie abschließen. Am 9. Juli 1975 sticht Bas Jan Ader mit seinem Boot Ocean Wave von Cape Cod, Massachusetts, Richtung Falmouth in Großbritannien in See. Die von einem gut vorbereiteten und im Segeln sehr erfahrenen Ader auf knapp 70 Tage kalkulierte Reise, die er selbst als „eine romantische, abenteuerliche Reise über den Atlantik in einem sehr kleinen Boot" beschrieben hatte, bleibt unvollendet. Ein Jahr nach Aders Abreise wird sein Boot vor der Küste Irlands entdeckt. Von ihm selbst fehlt jede Spur.

*

In der Kunst zu scheitern ist etwas anderes als im Leben und vor allem *am* Leben zu scheitern. Wenn ein Scheitern so radikal und endgültig geschieht wie bei Bas Jan Ader, so fallen Kunst und Leben auf tragische Weise in eins. Bas Jan Ader muss sich der Gefährlichkeit seines Vorhabens bewusst gewesen sein. Sieht man Fotos seines Boots Ocean Wave, so fühlt man sich an eine Nussschale erinnert. Allein in einem so kleinen Boot die Reise über das weite, offene Meer zu wagen und den Naturgewalten zu trotzen, grenzt an Tollkühnheit und Größenwahn. Ader selbst war jedoch voller Zuversicht und Vertrauen. Und vielleicht hatte er schlicht keine Wahl, war er getrieben von seiner Suche nach dem *miraculous*, dem Wunderbaren.

In ihrem 16 mm Film *Disappearance at Sea* (1996) beschäftigt sich die englische Künstlerin Tacita Dean mit den großen Themen Sehnsucht und Verlust, Hybris und Scheitern, die ja auch Bas Jan Aders letzte künstlerische Reise bestimmten. Dean nimmt dabei Bezug auf Bas Jan Ader und auf Donald Crowhurst (1932–1969), einen Engländer, dessen Versuch, die Welt zu umsegeln, in Verzweiflung und Wahnvorstellungen endete. Ader wusste um das Schicksal seines Segelkollegen. In seinem Spind an der Universität in Los Angeles, an der Ader unterrichtete, fand man nach seinem Tod ein Buch über Leben und Tod von Donald Crowhurst mit dem Titel *The Strange Last Voyage of Donald Crowhurst*. Tacita Deans magische Filmbilder des sich drehenden Lichtapparats im Innern eines Leuchtturms erschaffen eine erwartungsvolle Atmosphäre für eine rätselhafte Geschichte, die am Ende der Welt, am äußersten Posten zwischen dem Festland und der unendlichen Weite des Meeres, am Übergang vom Tag zur Nacht, angesiedelt ist.

*

Samuel Beckett, der schon eingangs zitierte große Mann des Scheiterns, schrieb in *Three Dialogues with Georges Duthuit* (1949): „Künstler sein heißt scheitern, wie kein anderer zu scheitern wagt." Beckett spricht hier gleich zwei wichtige Aspekte an:

Zum einen, dass eine gewisse Portion Mut Voraussetzung fürs Scheitern und die (künstlerische) Beschäftigung mit dem Scheitern ist, zum anderen, dass Kunst und Scheitern nicht getrennt voneinander zu denken sind. Über das eigene, als schmerzlich und beschämend empfundene kleine und große Scheitern sprechen wir nicht gern. Versagen, Misslingen, Fehlschläge und Niederlagen haben in unserer heutigen Gesellschaft, die von Erfolg und Fortschritt bewegt und getrieben wird, kaum einen Platz. Der amerikanische Soziologe Richard Sennett nannte das Scheitern bezeichnenderweise gar „das große Tabu der Moderne". Gesellschaftlich stigmatisiert genießt das Scheitern jedoch eine gewisse Wertschätzung in der Kunst, impliziert es doch, dass etwas – wie es Beckett ausdrückte – *gewagt* wurde, dass übliche Trampelpfade verlassen, Grenzen des Gewöhnlichen überschritten wurden. Etwas Neues und Anderes kann nur entstehen, wenn die erhöhte Gefahr des Scheiterns in Kauf genommen wird. Für die kreativen, künstlerischen Bereiche und ihren Anspruch auf Originalität gilt dies in besonderem Maße. Bedeutet ein bewusstes Sich-Einlassen auf das Wagnis des Scheiterns, dass ein suchender, offener Prozess dem Streben nach Vollendung im Sinne eines Meisterwerks vorgezogen wird?

Das Video *Ruth Drawing Picasso* (2009) der holländischen Künstlerin Rineke Dijkstra setzt genau an dieser Frage an. Ruth, ein etwas dickliches, sympathisches junges Mädchen in englischer Schulkleidung, versucht sich, auf dem Boden sitzend, im Abzeichnen eines Bildes von Pablo Picasso. Das kratzende Geräusch ihres Stifts auf dem Zeichenblock und ihr konzentriertes Bemühen ziehen uns sogleich in den Bann. Dass Ruths zeichnerisches Ergebnis (das wir nicht sehen) an die Meisterschaft seines Vorbildes (das wir ebenso wenig sehen) nicht annähernd herankommt, können wir vermuten, tut aber letztlich nichts zur Sache. Einzig und allein von Bedeutung ist der Akt des Versuchens, des Tuns, jenseits aller Wertungen nach Kategorien von gut oder schlecht, von dilettantisch oder meisterhaft. Von Picasso wird der Satz überliefert, er habe sein Leben lang versucht so malen zu können wie ein Kind. Meisterschaft wird bei Picasso also nicht als das Ergebnis eines langen Arbeits- und Lernprozesses verstanden, sondern im Gegenteil als ein gelungenes Bestreben, jedes Gewusste, Erprobte und Bewährte hinter sich zu lassen.

*

Eine wunderbare Aktion des Künstlers Francis Alÿs aus dem Jahr 1997 trägt den (ebenso wunderbaren) Titel *Sometimes making something leads to nothing*. Francis Alÿs macht hier die Paradoxie des menschlichen Willens und seines Tuns anschaulich, indem er über eine Zeitdauer von neun Stunden einen großen Eisblock auf den Straßen von Mexico City vor sich herschiebt, so lange bis nichts mehr davon übrig ist. Es ist ein radikaler, aber keineswegs verzweifelter Blick auf die Vergeblichkeit des menschlichen Mühens, welcher auch die mehrteilige Film-Installation *Rehearsal I* (1999–2004) von Francis Alÿs bestimmt. Hier sehen wir einen roten VW-Käfer, der zu den Klängen einer Blaskapelle, die einen Danzón probt, vergeblich versucht, einen Hügel am Rande der

Stadt Tijuana an der Grenze zu den USA zu erklimmen. Hören die Musiker auf zu spielen, so rollt der Käfer den Hang hinab, um kurze Zeit später, wenn die Musik wieder beginnt, unverdrossen einen neuen Versuch zu wagen. Der Augenblick des Vollzugs wird in einer Pendelbewegung des Auf und Ab aufgehoben. Alÿs zeichnet gleichsam das Bild eines modernen, motorisierten Sisyphos. Wir erinnern uns: Gefangen in einem *circulus vitiosus* ewiger Wiederholungen war der tragische Held der griechischen Mythologie gezwungen, einen schweren Stein den Hang hinauf zu schaffen, von wo er immer wieder herunterrollte. Doch die Geschichte des Sisyphos erzählt nicht nur von Strafe, Vergeblichkeit und Scheitern, sondern auch von Freiheit und Selbstbehauptung – und der Würde, die in der Bejahung des Absurden und des potentiellen Scheiterns liegt. Hatte nicht Albert Camus in seinem Buch *Mythos des Sisyphos* (1942) die gewagte These aufgestellt: „Der Kampf gegen Gipfel vermag ein Menschenherz auszufüllen. Wir müssen uns Sisyphos als einen glücklichen Menschen vorstellen."

*

Künstler wie Steve McQueen oder das Schweizer Künstlerduo Peter Fischli und David Weiss erzählen in filmischen Werken wie *Deadpan* (1997) oder *Der Lauf der Dinge* (1987) – letzteres eine großartige Verkettung von Ex- und Implosionen, Zusammenbrüchen und chemischen Reaktionen, bei der jedes Ereignis der überraschende Beginn eines neuen ist – von einem stoisch ertragenen, von Angst befreiten, ja geradezu lustvollen Scheitern. In Anspielung auf Buster Keaton und Charlie Chaplin könnte man sagen: Keine Treppe, die nicht herauf- und heruntergefallen, kein Stuhl, der nicht zum Stolpern gebracht, keine Wand, die nicht zusammenbrechen würde ... Alles geht immer schief. Doch wer bestimmt eigentlich, was Scheitern und was Erfolg ist? In der Kunst ist es der Verlierer, der das letzte Wort bekommt; der Schwache, der nie unterliegt. Ohnmacht wird zu Dynamit. Verletzlichkeit führt zu Immunität. Inkompetenz verwandelt sich in Selbstbehauptung. Absurdität wird gefeiert.

Was lehrt uns die Kunst? In Anlehnung an Albert Camus könnten wir uns selbst im Scheitern als glückliche Menschen vorzustellen versuchen – so lange, wie das Scheitern die Möglichkeit einer Wiederholung, eines neuen Anfangs in sich birgt. Oder, wie es Samuel Beckett fordernd und aufmunternd zugleich formulierte: „Wieder versuchen. Wieder scheitern. Besser scheitern."

Omnipotenz und Einfalt
Über das Scheitern

Wilhelm Genazino

In einem Wartezimmer sagte ein Kind zu seiner Mutter: Ich langweile mich! Die Mutter gab dem Kind ihre Sonnenbrille. Das Kind setzte die Brille auf, sah ein paarmal in die Runde und stellte dann erneut fest: Mama, ich langweile mich. Die Mutter holte ihr Nagel-Necessaire aus der Handtasche und reichte es dem Kind. Das Kind öffnete das Etui, eine Pinzette und eine Nagelfeile fielen auf den Boden, und das Kind sagte schon wieder: Ich langweile mich. Jetzt machte die Mutter kein weiteres Angebot mehr. Das Kind nörgelte, quetschte das Gesicht gegen einen Ledersessel und sagte mehrmals zu den Leuten im Wartezimmer: Ich langweile mich! Zur Unterstreichung seiner Not ließ das Kind ein wenig Spucke auf den Boden tröpfeln (welch eine wunderbare Darstellung der Langeweile!) und wickelte sich ein paar Teppichfransen um seine kleinen Finger.

Es war ergreifend, das Kind scheitern zu sehen, und gleichzeitig völlig bedeutungslos. Kinder (und Tiere) scheitern, ohne bösartig zu werden. Ihr Lebensprinzip ist die problemlose Wiederholung. Sie machen alles noch einmal und noch einmal und noch einmal. Als Kinder können wir nur selten erfolgreich handeln. Die kindliche Tätigkeit bricht entweder von selbst zusammen oder wird (häufiger) von Erwachsenen beendet. Daraus erwächst eine allmähliche Einübung ins Scheitern, von der wir eigentlich hoffen sollten, dass sie uns auch im Erwachsenenleben zur Verfügung steht. Aber dann zeigt sich, dass wir das gelassene Scheitern trotz der langen Übungszeit doch nicht haben lernen können. Der erwachsene Mensch, ein Wesen mit Gedächtnis, Bewusstsein und Biographie, kann kaum ein Scheitern vergessen, im Gegenteil, es macht aus fast jedem einzelnen Misserfolg ein bleibendes inneres Vorkommnis. Einerseits gehört das Scheitern angeblich ins Leben (mühsam nehmen wir die Belehrung hin), andererseits ist ein Übermaß davon lebensgefährlich. Aber wo ist die Grenze zwischen dem einen und dem anderen? Die Dunkelheit dieser Scheidelinie haben wir zu fürchten. Denn wir wissen: Jedes neue Scheitern kann zu einem Dementi unseres Ichs führen. Dieses Dementi ist um so fürchterlicher, weil wir es selbst in die Welt setzen. Das Dementi macht uns vorübergehend ungültig. Wir begreifen unser Scheitern nicht (an unserem Willen, es zu verhindern, hat es nicht gefehlt), wir können es nicht gelten lassen und leben doch schon darin. Das Schlimmste daran ist vielleicht: Wir können unser Scheitern nicht ausdrücken und nicht kommunizieren; nein, noch schlimmer ist, wir verheimlichen es sogar vor uns selbst. Wir leben jetzt in einem „inneren Pogrom“ (Witold Gombrowicz) – solange der Nachhall des Scheiterns uns im Griff hat. Während dieses Wartens werden wir zu einem Versuchstier unserer selbst.

Viele Lebensversuche können wir nur in begrenzter Zahl wiederholen. Zur Führerscheinprüfung sind wir zwei- oder dreimal zugelassen. Zu einem Examen ebenfalls nur zweimal, höchstens dreimal. Als Ehepartner dürfen wir uns vier- oder fünfmal versuchen, zu mehr reicht unsere Lebenszeit nicht. In vielen Disziplinen ist es verboten, ein einziges Mal zu scheitern. Wir scheitern trotzdem, fühlen uns fortan als Gescheiterte und nennen uns doch nicht so; wer will sich schon selbst stigmatisieren? Es sei denn, wir sind als Gescheiterte prominent geworden und dürfen über unser Unglück öffentlich plaudern.

Zu diesen wenigen, die immer wieder (und erheblich) scheitern und ihr Geschick (in Form von Bildern, Filmen, Büchern) nachträglich bearbeiten, gehören die Künstler. Ihr Werk macht das Scheitern zu einer Kategorie des allgemeinen Nachdenkens. Durch diese Vorturner des Scheiterns wird die Vergeblichkeit menschlich nobilitiert und gleichzeitig einsehbar. In der Liebe zur gescheiterten Biographie eines Künstlers (zum Beispiel) steckt die Anerkennung der Paradoxie, dass nur ein unmögliches Leben das von uns geliebte Werk hat hervorbringen können. Vielen Künstlern gelingt es, aus ihrem Unglück eine glanzvolle Originalität zu machen. Sie erzählen von ihrem Scheitern wie von wunderbar einstudierten Zirkusnummern. Mit Hilfe dieser virtuosen Leistungen können dann wenigstens ein paar andere Menschen über ihr eigenes, stumm gebliebenes Scheitern wenn nicht sprechen, so doch wenigstens nachsinnen – und sich dadurch (stückweise, stolpernd und temporär) von ihrem Geschick distanzieren. Auf diese Weise haben selbst schwerverdauliche Werke eine tiefe soziale Dimension, die von vielen wiederum geleugnet wird. Noch in dieser Leugnung steckt ein Akt des Niederknüppelns der eigenen Scheiternserfahrung.

War das Scheitern des Menschen nicht schon immer das Thema aller Künste? Von Samuel Beckett stammt der einflussreiche Satz: „Künstler sein heißt scheitern, wie kein anderer zu scheitern wagt.“ Der Satz dringt insofern zum Kern des Problems vor, weil der Künstler oft sein ganzes Leben lang die Nähe zum scheiternden Existieren aushält. Anders gesagt: Der Künstler kann mit Scheitern nicht aufhören. Wäre der Künstler ein normaler Mensch, könnten wir ihm sagen: Hör' jetzt bitte auf zu schreiben, vier Romane von dir sind genug! Aber der Künstler ist kein gewöhnlicher (lernfähiger) Mensch, sondern ein schwer erziehbarer Narziss, der seine Sturheit für seinen besten Berater hält. Theodor W. Adorno hat aus dem Satz von Beckett (und aus vielen anderen Sätzen) eine Ästhetik des Scheiterns gemacht. Das Scheitern wird bei ihm zu einem Kennzeichen des „gelungenen" Kunstwerks. Das „falsche Leben" (Adorno) kann nicht mehr, wie früher, ein naiv schönes Kunstwerk hervorbringen; deswegen können Kunstwerke der Moderne einzig im Scheitern ihre Authentizität bewahren und dennoch ihren alten Kunstanspruch aufrechterhalten.

Durch diese Umdeutung verliert das Scheitern alles Deprimierende und Niederschmetternde. Das Scheitern wird zu einem Erkennungszeichen und gleichzeitig zu einem Qualitätsmerkmal. Freilich wird auf diese Weise der rohe Gehalt des Scheiterns auf den Kopf gestellt und ästhetisch neutralisiert. Adornos listenreiche Applikation des Scheiterns ist in den siebziger und achtziger Jahren von vielen Autoren missverstanden worden. Viele damals entstandene Werke lesen sich heute so, als sei es deren Verfassern nur darum gegangen, ihre Werke mitsamt ihren Protagonisten möglichst schick scheitern zu lassen, damit sie in der hoch geschätzten Perspektive Adornos einen Platz finden. Es ist überhaupt die Frage, ob Samuel Beckett die richtige Leitfigur für eine Ästhetik des Scheiterns war (ist). Denn Beckett hat zwar einen präzisen Satz über das Scheitern hinterlassen, aber er selbst ist schwerlich zu den Scheiternden zu zählen; er hat bis kurz vor seinem Tod, hochgeehrt in aller Welt, arbeiten können. Natürlich ist es ein Unterschied, ob ein Künstler durch das Versiegen seiner Kräfte schnöde aufhören muss und resonanzlos auf seinem Scheitern sitzenbleibt; oder ob ein Künstler das Thema Scheitern zwar ästhetisch bearbeitet, selbst aber (wie Beckett) produktiv bleibt bis fast zum letzten Tag seines Lebens. Deswegen sollte man gerade Beckett nicht zu einer Ikone des erfolgreichen Scheiterns machen.

Zurück zum Leben! Reales Scheitern ist zwar einerseits gewöhnlich, weil es so erniedrigend alltäglich ist und deswegen wertlos scheint, aber es greift gleichzeitig tief in das menschliche Empfinden ein, weil durch das Scheitern buchstäblich alles, auch das Banale, bedeutsam wird. Für die meisten Menschen ist es eine Zumutung, dass aus der schlichten Wiederholungstätigkeit des Alltags, indem sie zuweilen fehlgeht, ein Schmerz in die Welt tritt. Genau aus diesem Stolpern und seiner Unangemessenheit in der Lebensroutine geht das Staunen über die Schöpfung hervor: Wir hätten nicht gedacht, dass soviel schiefgehen kann; dass so viele geringfügige Handlungen so oft wiederholt werden müssen, bis sie endlich gelingen; dass in der Unschuld so viel Tücke steckt.

An diesem Punkt endlich muss das Lob des Scheiterns anheben. Denn jeder Fehlschlag, der uns vorübergehend aus dem Tritt bringt, stößt uns in ein inneres Warten hinein, in dem wir nicht nur erschrecken, sondern auch – zu denken anfangen. Wer scheitert, schaut zurück, und wer zurückschaut, sinnt nach. Im Scheitern wird das Biographische selber reflexiv; allmählich bildet sich eine zusammenhängende Lebenserzählung, eine Innenwelt-Perspektive, eine nicht mehr abbrechende Sinn-Erwägung, kurz: es bildet sich Identität. Durch das momentweise (oder längere) Ausbleiben des Erfolgs, der Zuversicht oder der Kraft treten wir der herrschenden Glückssucht entgegen. Und machen darauf aufmerksam, dass es auch eine Würde des Fehlschlags gibt. In der Auseinandersetzung mit unseren Misserfolgen phantasieren wir uns in ein anderes Ich hinein und wissen plötzlich ganz genau: Ein weiterer Autounfall darf mir nicht zustoßen; zum dritten Mal darf ich nicht die falsche Frau heiraten; noch mehr Geld sollte ich bei meinen Aktienspekulationen auf keinen Fall verlieren.

Karl Valentin hat einmal empfohlen, wir sollten Fremdsprachen, da wir sie sowieso nie völlig fehlerfrei sprechen können, gleich falsch lernen. Dann ersparen wir uns eine Menge Verdruss! Der Vorschlag ist sicher ein wunderbarer Witz, aber er ist weit mehr als ein Witz, nämlich eine Anspielung darauf, dass wir sowieso in einer in großem Stil scheiternden Welt leben müssen, in der es nicht darauf ankommen kann, ein kleines nichtscheiterndes Leben aufzubauen. Ich habe leider erst spät erkannt, dass sich meine vielen kleinen, mittleren und ein paar größere Niederlagen insgesamt vorteilhaft auf mein Leben ausgewirkt haben. Das heißt, ich habe erst spät würdigen können, dass wir Lebewesen sind, die zu einem abgestuften Lebensaufbau, zu einer „gelenkten Anstrengung" (Dieter Henrich) fähig sind. Es ist uns möglich, einen biographischen Plan, wenn er sich momentweise nicht fortsetzen lässt (weil wir mit ihm gerade gescheitert sind), eine Weile ruhen zu lassen, um ihn später wieder aufzugreifen. Wir haben während dieser Unterbrechungen Gelegenheit, uns sowohl mit unserer Omnipotenz als auch mit unserer Einfalt auseinanderzusetzen. Denn beides, Omnipotenz und Einfalt, treibt uns voran. Am Montag möchten wir endlich alles können, am Dienstag doch wieder lieber nichts. Fast noch schlimmer als das eigene Scheitern ist, wenn wir einem guten Freund beim Scheitern zuschauen müssen. Dann müssen wir zur Kenntnis nehmen, dass scheiternde Menschen vollständig verrannt sind. Man kann ihnen keinen Rat geben und ihnen nicht helfen. Wir stehen daneben und wissen genau: Das wird schiefgehen, aber man selber hat die Pflicht, den Mund zu halten. Scheiternde Menschen sind auf eine ganz innerliche Weise allein. Wir dürfen nicht einmal hinterher gestehen, dass wir es geahnt haben. Das würde uns zu einem Schlaumeier machen, und das würde uns der Freund niemals verzeihen. Immerhin: Das Unverstandene an meinen Niederlagen hat einen inneren Text hervorgebracht, ohne den ich heute nicht leben möchte. Ich habe nie so rätselhaft denken können wie das, was mir zugestoßen ist. Mein Denken reichte nicht heran an die Fremdheit der Lebenswiderfahrnisse; außerdem kam es immer zu spät. Ebendiese Mängel sind jedoch seine Vorteile. Um das besser zu begreifen, sollten wir das (mögliche, wahrscheinliche) Scheitern von vornherein in unser Leben einplanen. Warum ist es eigentlich so schwer, für sich selbst einen – sagen wir – persönlichen Scheiternsplan zu entwerfen? Vielleicht so: Gemessen an meiner bisherigen Scheiternsanfälligkeit und bezogen auf meine nicht sehr ausgeklügelten Handlungspläne und auf meine nicht ganz sattelfeste Energie erwartet mich in diesem Jahr eine Scheiternsquote von vierzig Prozent. Diese Vorabeinsicht könnte mich dazu bringen, gewisse Absichten gar nicht erst umsetzen zu wollen. Und schon hätten wir, hoffe ich, unser Scheitern besser im Griff. Ein Scheiternsplan könnte uns auch davon abhalten, ein Mensch zu werden, der sein Leben lang mit irgendetwas abrechnen muss, weil ihn ein bestimmter Misserfolg zu einem Redeneurotiker gemacht hat. Wir könnten ein Scheitern dann auch mal auf sich beruhen lassen, weil wir wüssten, schon einen Monat später kommt das nächste Scheitern auf uns zu, für das wir unsere ganze Kraft brauchen.

again and again and again – *Buster Keaton & Charlie Chaplin in der Endlosschleife des Scheiterns*

Merle Radtke

In seiner Arbeit *Deadpan* (2009), deren Titel soviel bedeutet wie Pokerface, zitiert der britische Künstler Steve McQueen einen der bekanntesten Stunts des amerikanischen Stummfilmstars Buster Keaton. In *Steamboat Bill, Jr.* (1928) spielt Keaton einen naiven, ungeschickten jungen Mann, der ganz und gar nicht dem Bild seines Vaters – einem alten, mürrischen Dampfschiffkapitän – entsprechen will. Während eines Sturms stürzt eine Hausfassade auf den tölpelhaften Jüngling herab; allein einer glücklichen Fügung verdankt er, dass er an genau jener Stelle steht, an der sich ein Giebelfenster befindet, so dass ihm nichts weiter passiert. Während er in der Folge ähnliche, wenngleich harmlosere Situationen durchläuft, etwa durch eine niederfallende Tür tritt und mehrmals kurz davor ist, Häuser zu betreten, die im nächsten Moment zusammenfallen, sieht sich der Betrachter von McQueens Arbeit immer wieder mit derselben herabstürzenden Hausfassade konfrontiert. Für *Deadpan* nahm der Künstler die Rolle Keatons ein und filmte die Szene aus verschiedenen Kameraperspektiven, so dass man ihn in den Einzelsequenzen von vorne, im Profil oder Halbprofil, in Großaufnahme oder Halbtotale sieht. In seiner Bewegungslosigkeit wirkt McQueen statuarisch. Die lautlose Wiederholung macht die Situation für den Betrachter von Fall zu Fall beklemmender; der Slapstick Keatons verliert im Re-Enactment McQueens seine Leichtigkeit, die Figur ihre Naivität.

Doch nicht nur das Zitat Steve McQueens, der bereits im Titel seiner Arbeit auf Buster Keaton und dessen regungslose Mimik, dessen „frozen face“, verweist, erinnert an die Stars der Stummfilmklassiker der 1920er und -30er Jahre. Das Thema des Scheiterns beziehungsweise des besseren Scheiterns in Film und Video ruft ebenfalls Bilder der sympathischen Antihelden wach, die Charlie Chaplin und Buster Keaton in ihren Filmen darstellen – Chaplin die von ihm kreierte, kindlich-naive Figur des Tramps und Keaton den ungeschickten jungen Mann, den begriffsstutzigen Stupidus, der zunächst vergeblich versucht, die Geliebte von seinen Qualitäten zu überzeugen, bevor er angesichts einer großen Krise über sich hinauswächst. Beide Figuren besitzen ein besonderes Talent dafür, ununterbrochen in falsche Situationen zu geraten. So wird Chaplin in *Moderne Zeiten* (1936) durch das Aufheben einer von einem Lastwagen gefallenen Flagge ungewollt zum Anführer einer Gruppe protestierender Arbeiter, woraufhin er ins Gefängnis wandert. Dort wiederum verhindert er im Kokainrausch einen Ausbruch, was ihm in der Folge einen recht angenehmen Gefängnisaufenthalt beschert. Als er begnadigt wird, gibt er sich größte Mühe, wieder verhaftet zu werden, jedoch ohne Erfolg. Erst als er seine Freiheit wieder zu schätzen weiß, muss er erneut ins Gefängnis, als ehemalige Kollegen in das Warenhaus einbrechen, in dem Chaplin als Nachtwächter arbeitet, und er der Lage nicht Herr wird. Keaton hingegen gerät in *Der Kameramann* (1928) bei dem Versuch, sich gegen die filmenden Kollegen zu behaupten, in spektakuläre Verfolgungsjagden, einen chinesischen Bandenkrieg und ständige Auseinandersetzungen mit der Polizei. Es sind diese Ereignisketten, die an den *Lauf der Dinge* (1987) von Peter Fischli und David Weiss erinnern und den Eindruck vermitteln, als könne es im Leben der Protagonisten ewig so weitergehen. Immer wieder scheitern sie aufs Neue, dabei ist ihr Spiel von Naivität und Unschuld, ihr Handeln von einer gewissen Leichtigkeit gezeichnet. Ähnlich wie bei Kindern scheint das Scheitern bedeutungslos, wieder und wieder setzen sie von Neuem an – unermüdlich und voller Zuversicht. Stoisch trotzen die Charaktere ihrer Umwelt, scheinen immun gegenüber der Leistungsorientiertheit der Gesellschaft.

Ihre Unbedarftheit bringt sie einerseits in heikle Situationen, andererseits bewahrt sie die Protagonisten vor Schlimmerem. So weiß der Tramp in der Rollschuhszene in *Moderne Zeiten* dank der verbundenen Augen nicht, dass er bei jeder Runde nur knapp einem Sturz in die Tiefe entgeht, da eines der Treppengeländer fehlt. „Der Rollschuhtanz verwandelt sich zum existenziellen Symbol des Tramps, der sich immer wieder in Gefahr begibt, ohne davon zu wissen, der immer am Rande des Existenzminimums zu leben gezwungen ist und dennoch an den Fakten seiner Existenz nicht verzweifelt, einfach weil er sie ausblendet: ein Dasein ohne festen Untergrund, das die Instabilität nicht als Mangel wahrnimmt, weil es stets in Bewegung ist.“[1]

In den beschriebenen Stummfilmen, die stellvertretend für weitere Filme Chaplins und Keatons stehen, sind es zudem die Alltäglichkeiten, an denen die Protagonisten scheitern: Sie stolpern, rutschen aus, fallen hin. Die Summe der Missgeschicke und ihr Rhythmus kennzeichnen den Slapstick und stilisieren Chaplin und Keaton zu Personifikationen des Scheiterns. Allerdings wahren die Protagonisten der Stummfilme trotz aller Malheurs ihre Würde – so rückt der Tramp etwa nach einem Sturz seine abgetragene Jacke zurecht, greift seinen Spazierstock und schreitet aufrechten Gangs voran. Es ist gerade ihr Antiheldendasein, welches das Scheitern zulässt, anders als bei den Heldenfiguren, für die das Scheitern meist eine unwiederbringliche Wendung darstellt. Als Metapher des Scheiterns nutzte auch Christoph Schlingensief das Fallen. Sein Film *Siegfrieds Sturz* (1999) zeigt einen Schauspieler, der während einer Probe die Treppe herunterstürzt. In seinem Film entthronisiert Schlingensief einen der großen Helden der Kulturgeschichte. Durch den Loop der mit 14 Sekunden sehr kurzen Filmsequenz kommt es zu einer ständigen Wiederholung der immer gleichen Szene. Lisa Le Feuvre beschreibt in der Einleitung des Buchs *Failure. Documents of Contemporary Art*: „Im künstlerischen Kontext besitzt eine solche Wiederholung das Potential, das Terrain der Eintönigkeit zu verlassen und sich sogar in Slapstick zu verwandeln."[2] Nicht zuletzt bedingt durch seine Darbietung im Film sowie die Art der Präsentation wirkt das Scheitern manchmal lustig, manchmal tragisch, manchmal brutal, etwa, wenn der Betrachter den Schauspieler in *Siegfrieds Sturz* in einer Endlosschleife die Treppe herunterfallen sieht oder in der Arbeit Steve McQueens immer wieder mit der herabschnellenden Hausfassade konfrontiert wird. Es ist jene Ambivalenz des Scheiterns, die es so vielschichtig macht.

Jörg Heiser fragt im Hinblick auf den Slapstick: „Warum ist das witzig, selbst und wieder beim tausendsten Mal? Ein Grund ist bekanntlich Schadenfreude. Ein anderer ist der Schadenfreude entgegengesetzt: Empathie und ein Gefühl der Solidarität in den Momenten des Missgeschicks. Slapstick als Moment des Stockens reibungsloser Abläufe, als absurder Schluckauf des Alltags- und Weltgeschehens, der die Wahrheit aufflackern lässt über uns und unser Verhältnis zueinander."[3] Mit seiner Antwort beschreibt Heiser wesentliche Züge des Antihelden, wie den Bruch mit der Möglichkeit des Eskapismus, beziehungsweise die Reaktionen, die dieser Figurentypus beim Zuschauer auslöst: die Sympathie, das Daumendrücken. Durch ihre Schwäche haben die Antihelden etwas Anrührendes. Gleiches löst beim Betrachter auch der rote VW-Käfer in *Ensayo I, Tijuana, México* (2001) von Francis Alÿs aus, der wieder und wieder versucht, einen Hang hinaufzufahren, allerdings nie den Scheitelpunkt erreicht, sondern immer wieder hinunterrollt. Ohne zu zögern, setzt der VW-Käfer stets von Neuem an und ähnelt dabei den Protagonisten der Stummfilme. Es scheinen keine Zweifel zu bestehen, die sie an ihren ständigen Versuchen hindern. Thomas Koebner bemerkt zur Figur des Tramp: „Erstaunlich und nicht genug zu würdigen ist, dass ihm sein Ungeschick nicht den geringsten dauerhaften Verdruss bereitet."[4] Obgleich es nach den gesammelten Erfahrungen des Tramp in *Moderne Zeiten* fast schon absurd erscheint, entgegnet dieser dem Waisenmädchen auf ihre Frage, was es denn bringe, es immer weiter zu versuchen: „Kopf hoch. Nur nicht verzagen."

[1] Susanne Marshall, „Tänzer – Turner – Träumer. Charlie Chaplin und Buster Keaton", in: Thomas Koebner u. Fabienne Liptay (Hg.), *Film-Konzepte 2. Chaplin – Keaton. Verlierer und Gewinner der Moderne*, München 2006, S. 52.
[2] Übersetzt aus Lisa Le Feuvre, „Introduction. Strive to Fail", in: Lisa Le Feuvre (Hg.), *Failure. Documents of Contemporary Art*, London 2010, S. 17.
[3] Jörg Heiser, „Pathos gegen Lächerlichkeit. Kunst mit Slapstick", in: Jörg Heiser (Hg.), *Plötzlich diese Übersicht. Was gute zeitgenössische Kunst ausmach*t, Berlin 2007, S. 18f.
[4] Thomas Koebner, „Vom Kunststück des Überlebens. Vermischte Beobachtungen zu den Filmen von Chaplin und Keaton", in: Thomas Koebner u. Fabienne Liptay (Hg.), *Film-Konzepte 2. Chaplin – Keaton. Verlierer und Gewinner der Moderne*, München 2006, S. 11.

Marina Abramović (*1946)
Art must be beautiful, Artist must be beautiful, 1975

1-Kanal-Video, schwarz-weiß, Ton, 14'06"
Hamburger Kunsthalle

In nicht enden wollender Kontinuität fährt sich Marina Abramović in ihrer Performance mit Metallbürste und Metallkamm durch die Haare. Während dieser Handlung, deren Autoagression sich sukzessive steigert, wiederholt sie die Sätze „Art must be beautiful" und „The artist must be beautiful". Je mehr sie aber diesen Idealen entgegenzukommen sucht, umso mehr wird die Aussichtslosigkeit ihrer Bemühungen evident: Die Haare geraten zunehmend aus der Form und ihr schmerzverzerrtes Gesicht lässt die sich selbst zugefügte Pein erkennen. Vor dieses Paradox gestellt, drängt sich dem Betrachter die Frage auf, inwieweit Schönheit ein notwendiges oder umgekehrt störendes Element im ‚Betriebssystem' Kunst darstellt: Wird man als Künstlerin ernst genommen, wenn man Schönheitsidealen entspricht, die Frauen außerhalb des künstlerischen Kontextes abverlangt werden? Und ist Schönheit ein taugliches Kriterium für die Bewertung guter Kunst? Abramović löst den Widerspruch zwischen verbalisiertem Anspruch und vorgeführter Handlung im Laufe der Performance nicht auf, sondern pointiert den Konflikt, indem sie die Erwartungshaltung fortlaufend und so lange ausspricht, „bis ich", wie sie selbst betont, „mein Haar und Gesicht zerstört habe". (JB)

In this performance piece, Marina Abramović brushes her hair over and over again with a metal brush and a metal comb. As she performs this action, which becomes increasingly self-injurious, she repeats the phrases "Art must be beautiful" and "Artist must be beautiful". The more she seeks to meet these ideals, however, the more obvious it becomes that this is a futile endeavour: her hair gets increasingly messed up and her face – contorted with pain – reflects the self-inflicted torture. Being confronted with this paradoxical situation forces the viewer to consider the extent to which beauty is a necessary – or in fact a disruptive – element in the 'operating system' of art: is one taken seriously as a female artist if one conforms to ideals of beauty that are applied to women outside the context of art? Is beauty a valid criterion for the evaluation of art? Over the course of the performance, Abramović does not resolve the conflict between the aims she is expressing and the act she is performing; instead she heightens the tension by repeatedly vocalising the expectations until, as she herself says: "I have destroyed my hair and face." (JB)

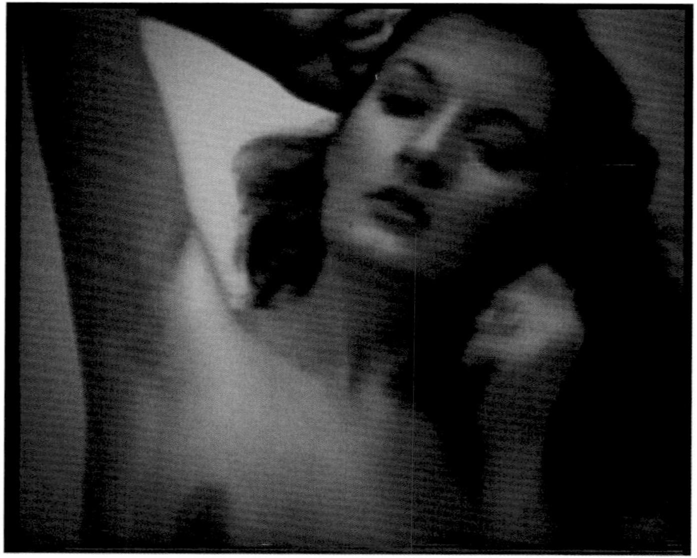

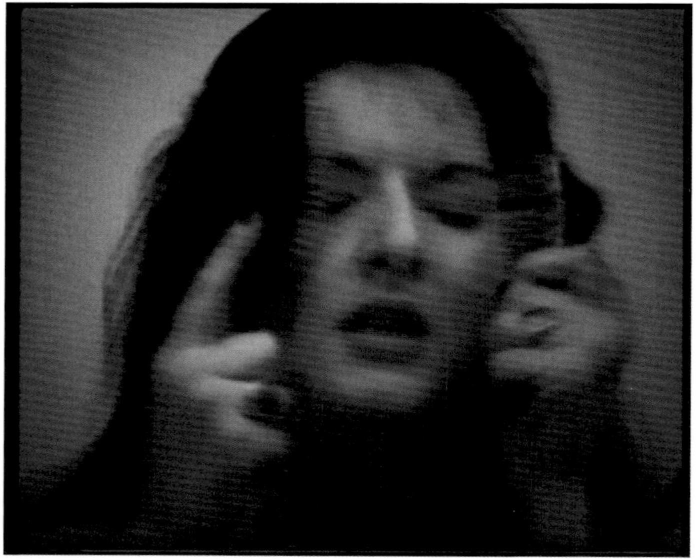

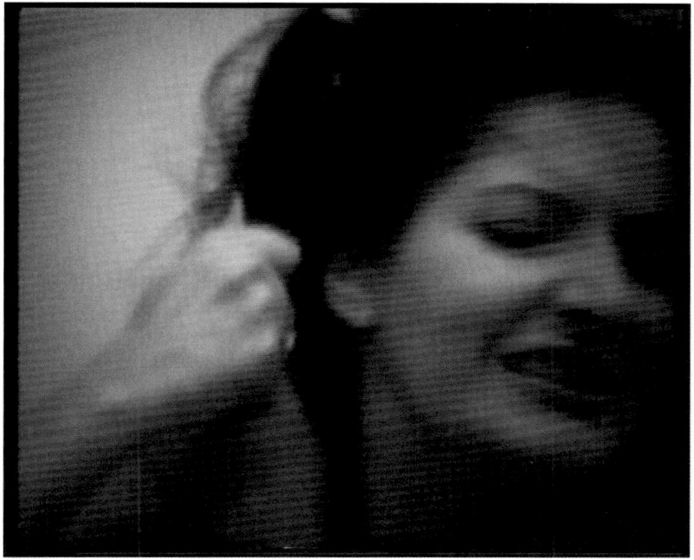

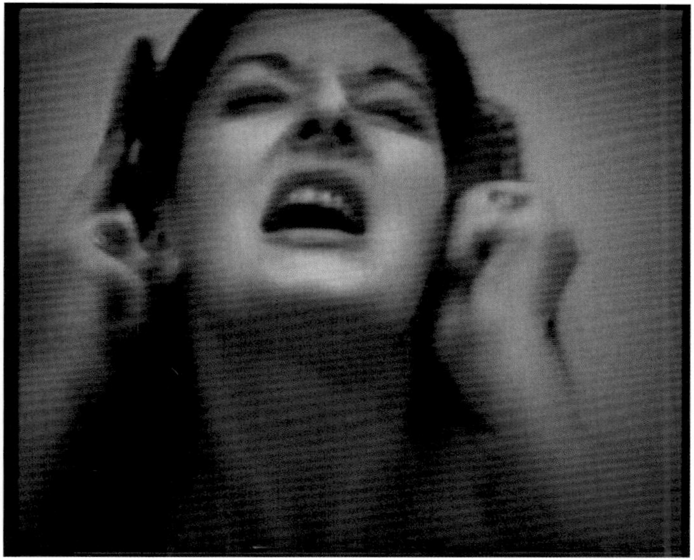

Vito Acconci (*1940)
Turn-On, 1974

1-Kanal-Video, schwarz-weiß, Ton, 20'
Hamburger Kunsthalle

In Vito Acconcis Arbeit *Turn-On* setzt sich der Künstler in Gesten radikalen Entzugs und extremer Konfrontation mit dem Betrachter auseinander. Über lange Strecken kehrt Acconci dem Zuschauer den Rücken zu, so dass einzig dessen Kopfhaare in Nahsicht zu sehen sind. Als einzige zusätzliche Information nimmt man die sich allmählich dramatisierenden Melodien wahr, die der Künstler unablässig vor sich hin summt. Mit Acconcis wiederholter Umwendung und Fixierung des Zuschauers kippt das Video in das andere Extrem einer unausweichlichen physischen Präsenz. Die an sein Gegenüber gerichteten Worte Acconcis zeugen jedoch einzig vom Unvermögen einer tatsächlichen Begegnung. Der jeweils neue Versuch einer Begegnung – so vergeblich er auch bleibt – wirft den Betrachter auf sich selbst zurück, indem er sich der latenten Aggression in der Beziehung zwischen Künstler und Betrachter bewusst wird und dazu angehalten ist, seine eigene Rolle innerhalb jenes Wechselverhältnisses zu reflektieren. (JB)

In Vito Acconci's work *Turn-On*, the artist uses gestures of radical withdrawal and extreme confrontation to challenge the viewer head-on. He turns away from the observer for long periods of time, so that only the hair on the back of his head can be seen in close-up, and the only other information is provided by the increasingly dramatic tunes he hums to himself incessantly. When Acconci turns to directly address the viewer, which he does a number of times, the video piece tips over into the opposite extreme and the artist becomes an inescapable physical presence. However the words he directs at the viewer attest only to the impossibility of an actual encounter. With each new attempt at interaction – however futile it may be – the viewer is thrown back upon himself, in that he becomes aware of the latent aggression in the relationship between the artist and the audience, and is forced to consider his own role in this reciprocal arrangement.
(JB)

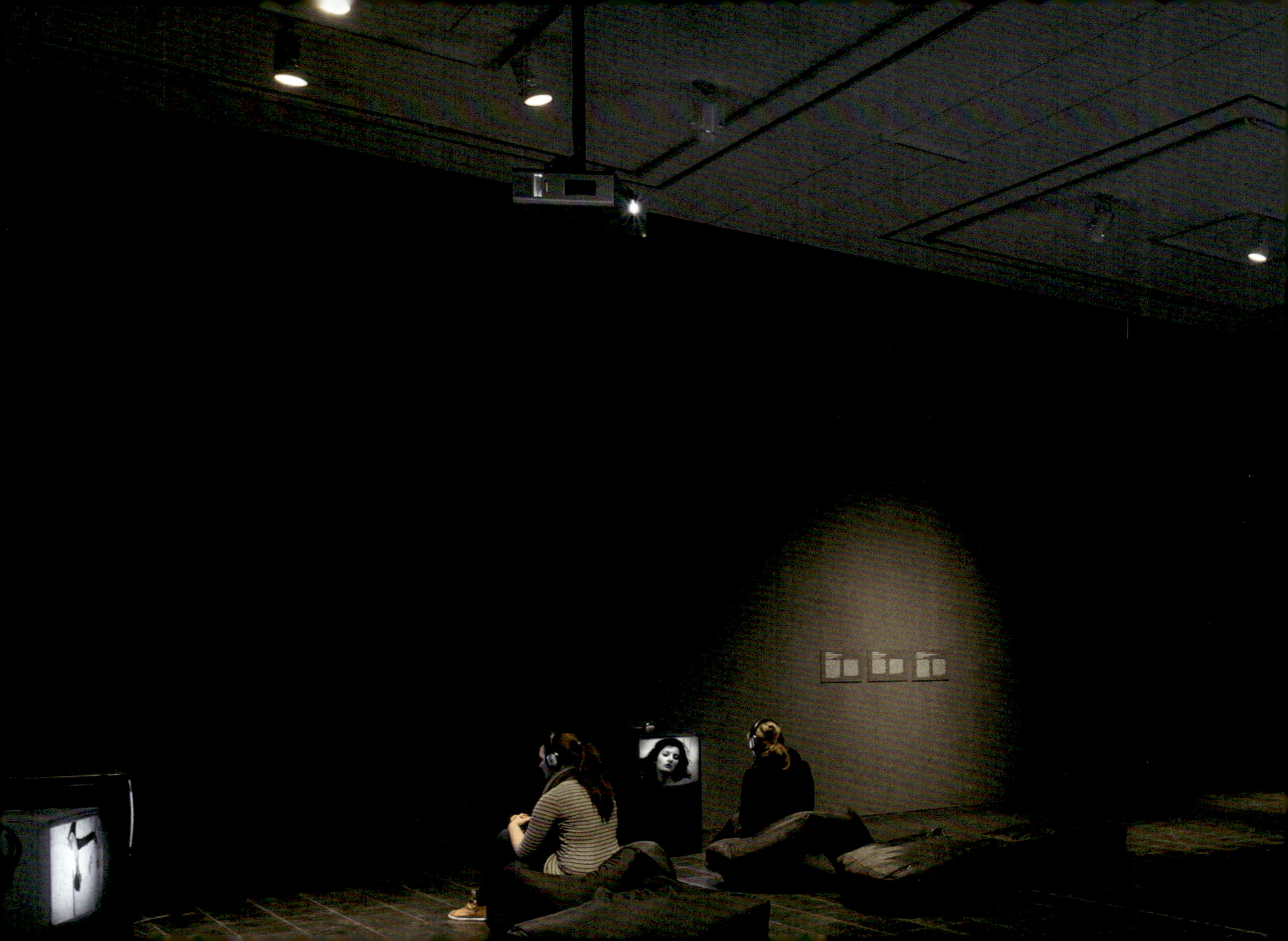

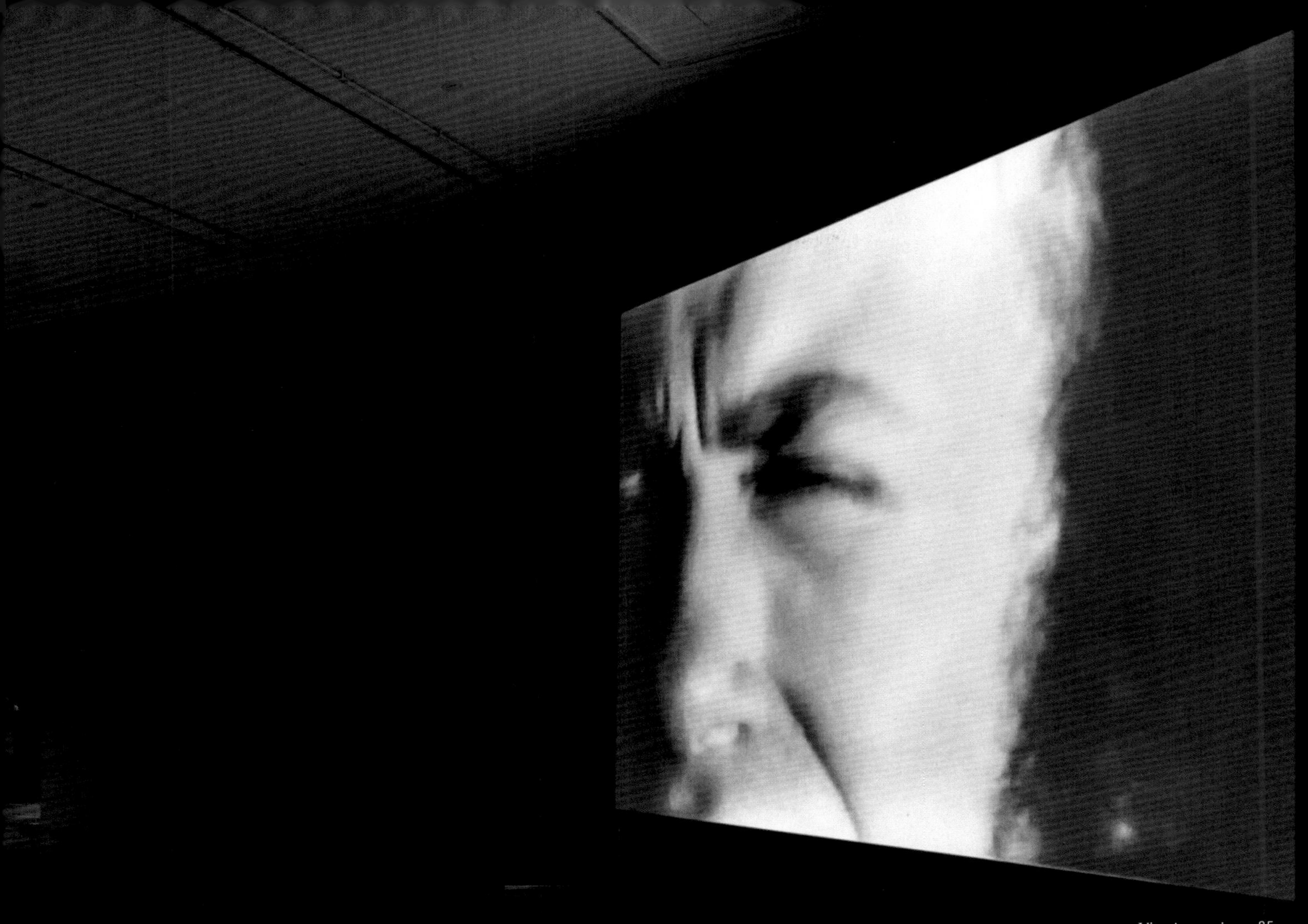

Bas Jan Ader (1942–1975)

***Fall 1, Los Angeles*, 1970**

16 mm Filmprojektion, schwarz-weiß, ohne Ton, 24"

***Fall 2, Amsterdam*, 1970**

16 mm Filmprojektion, schwarz-weiß, ohne Ton, 19"

***Broken fall (geometric), Westkapelle, Holland*, 1971**

16 mm Filmprojektion, schwarz-weiß, ohne Ton, 1'49"

***Broken fall (organic), Amsterdamse Bos, Holland*, 1971**

16 mm Filmprojektion, schwarz-weiß, ohne Ton, 1'44"

Courtesy Mary Sue Ader-Andersen / Bas Jan Ader Estate at the Patrick Painter Inc., Los Angeles

Ein wesentlicher Werkkomplex des Künstlers Bas Jan Ader widmet sich dem Fallen. In mehreren kurzen, schwarz-weißen 16 mm Filmen machte sich der Künstler zu Beginn der 1970er Jahre selbst zum Objekt der Darstellung. So balanciert er mit einem Stuhl auf dem Dachfirst seines Hauses, verliert sein Gleichgewicht und fällt, er stürzt auf dem Fahrrad in eine Gracht in Amsterdam oder er versucht sich – in Konfrontation mit den Gesetzen der Schwerkraft – so lange wie möglich an einem Ast festzuhalten bevor er herabstürzt. Ader selbst brachte den Begriff des Fallens (*falling*) mit dem Scheitern (*failing*) in Verbindung. Das Motiv des Falls diente ihm als Metapher des Scheiterns und der instabilen, gefährdeten Existenz des Menschen. Obwohl Aders Filme lapidar und nüchtern wirken, weisen sie komplexe Bezüge auf. So kann *Broken fall (geometric), Westkapelle, Holland* (1971) als Referenz auf das Werk seines Landsmanns Piet Mondrian gelesen werden. Der Leuchtturm der Westkapelle von Domburg spielt bei Mondrian eine wichtige Rolle. Dessen „In-Sich-Ruhen“ und dem Streben nach „absolutem Gleichgewicht“ setzt Ader jedoch genau das Gegenteil entgegen: Mit dem Fallen/Stürzen artikuliert er seine Skepsis in Bezug auf künstlerisch-existentielle Utopien von Harmonie, Ausgeglichenheit und Balance. (BK)

Bas Jan Ader produced a significant body of work on the theme of falling. A number of short films from the early 1970s, shot in black-and-white on 16 mm film, feature the artist himself: in one, he sits on a chair on the pitched roof of his house, loses his balance and tumbles to the ground; in others he steers his bicycle into an Amsterdam canal or tries to defy the laws of gravity by hanging from the branch of a tree for as long as possible, before eventually falling into a narrow canal. Ader himself made the connection between 'falling' and 'failing', employing the motif of a fall as a visual metaphor for failure, and above all for the instability and precariousness of human existence.

Although Ader's films appear pithy and matter-of-fact, they also contain many complex references. *Broken fall (geometric), Westkapelle, Holland,* for instance, can be taken as a reference to fellow Dutch artist Piet Mondrian, in whose work the lighthouse at Westkapelle near Domburg played an important role. Here, Ader confronts Mondrian's notion of "repose" and desire to find a "perfect equilibrium" with the exact opposite: through his own act of falling/toppling over, he expresses his scepticism about artistic or existential utopias of harmony, equilibrium and balance. (BK)

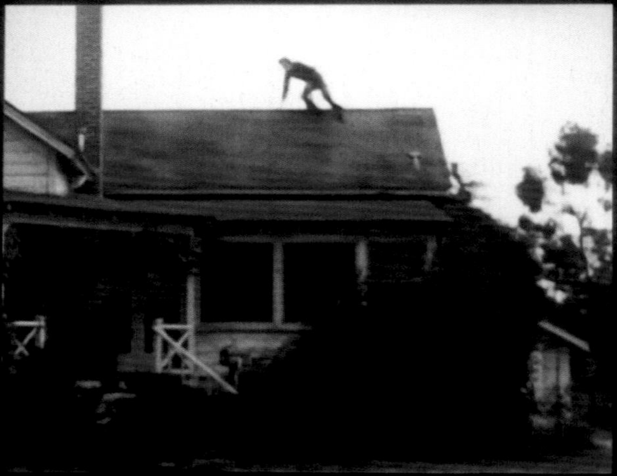

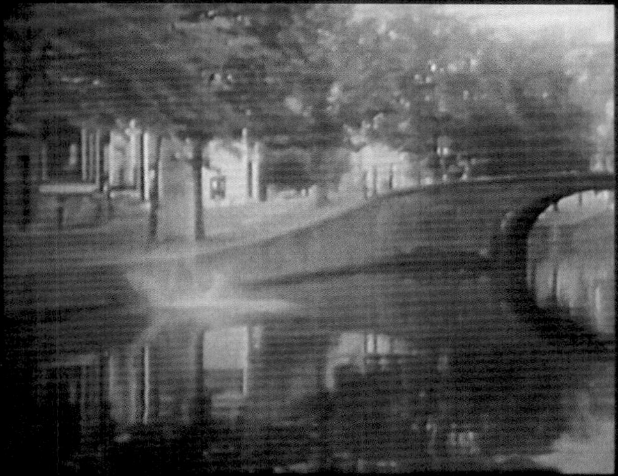

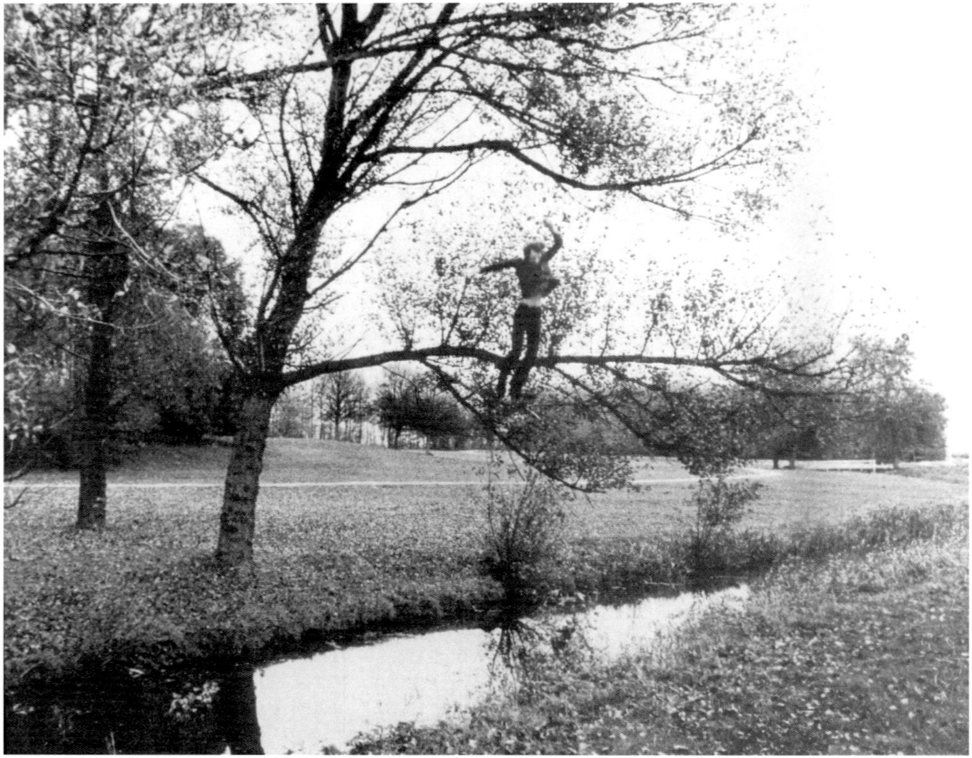

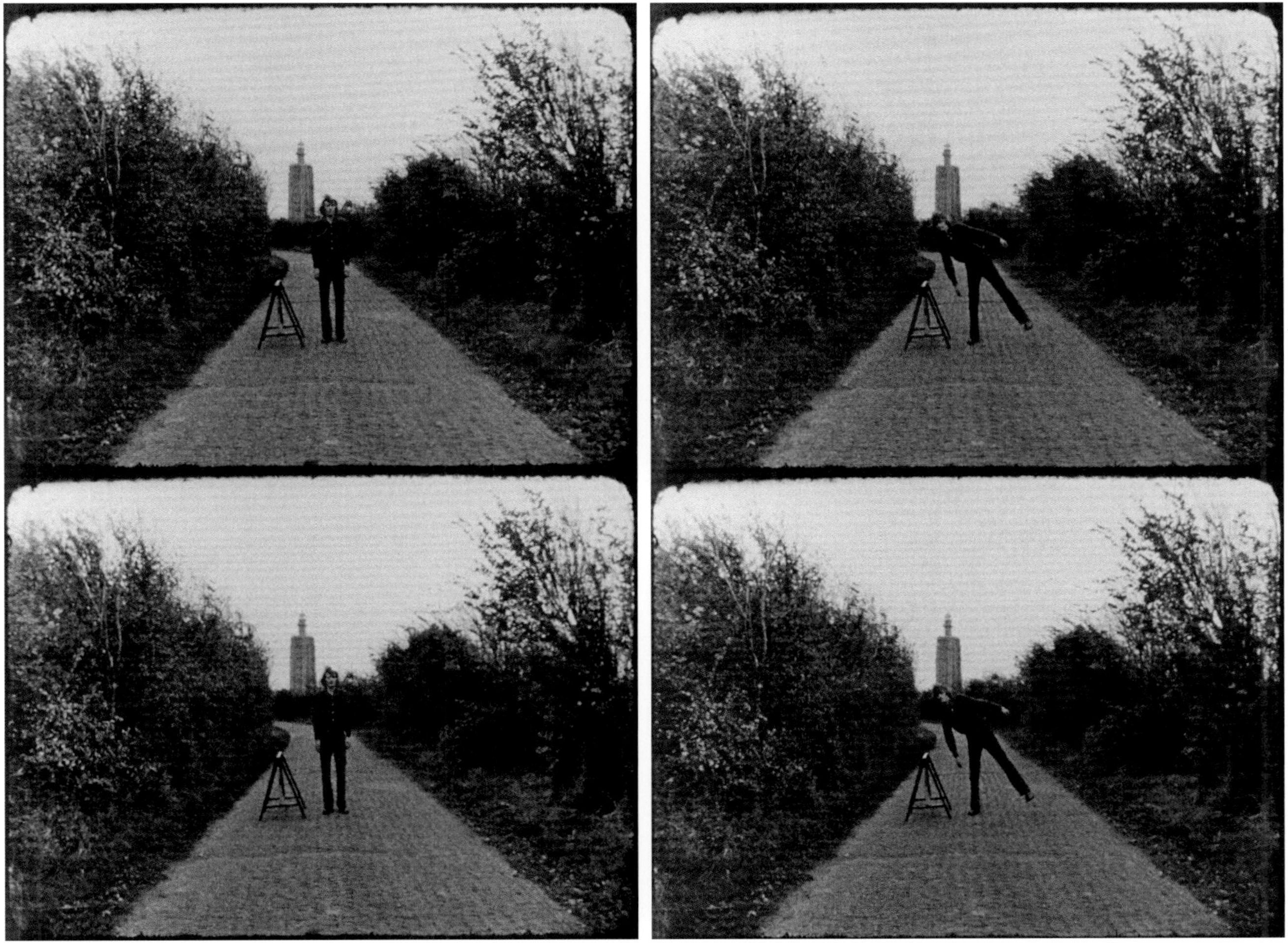

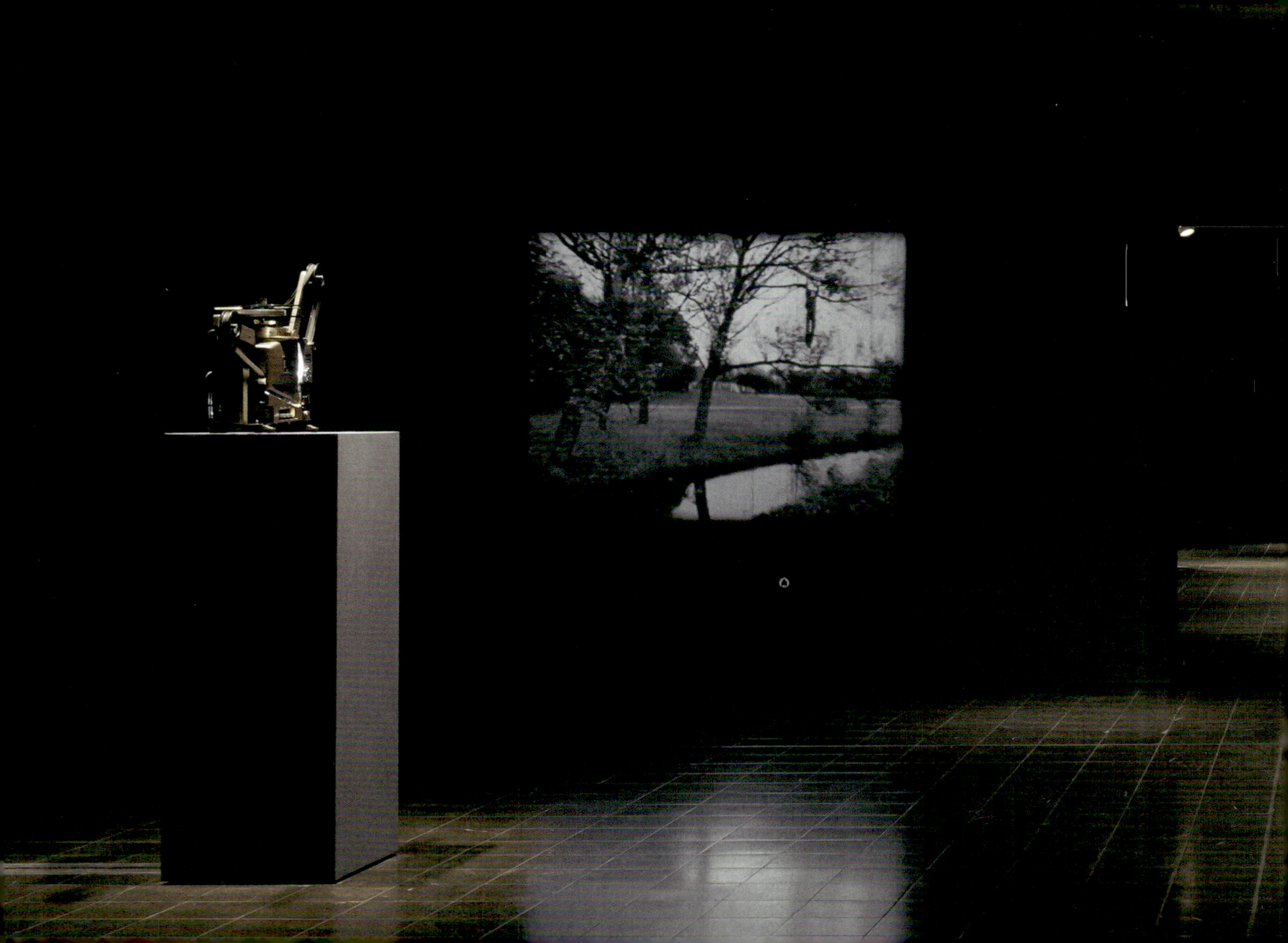

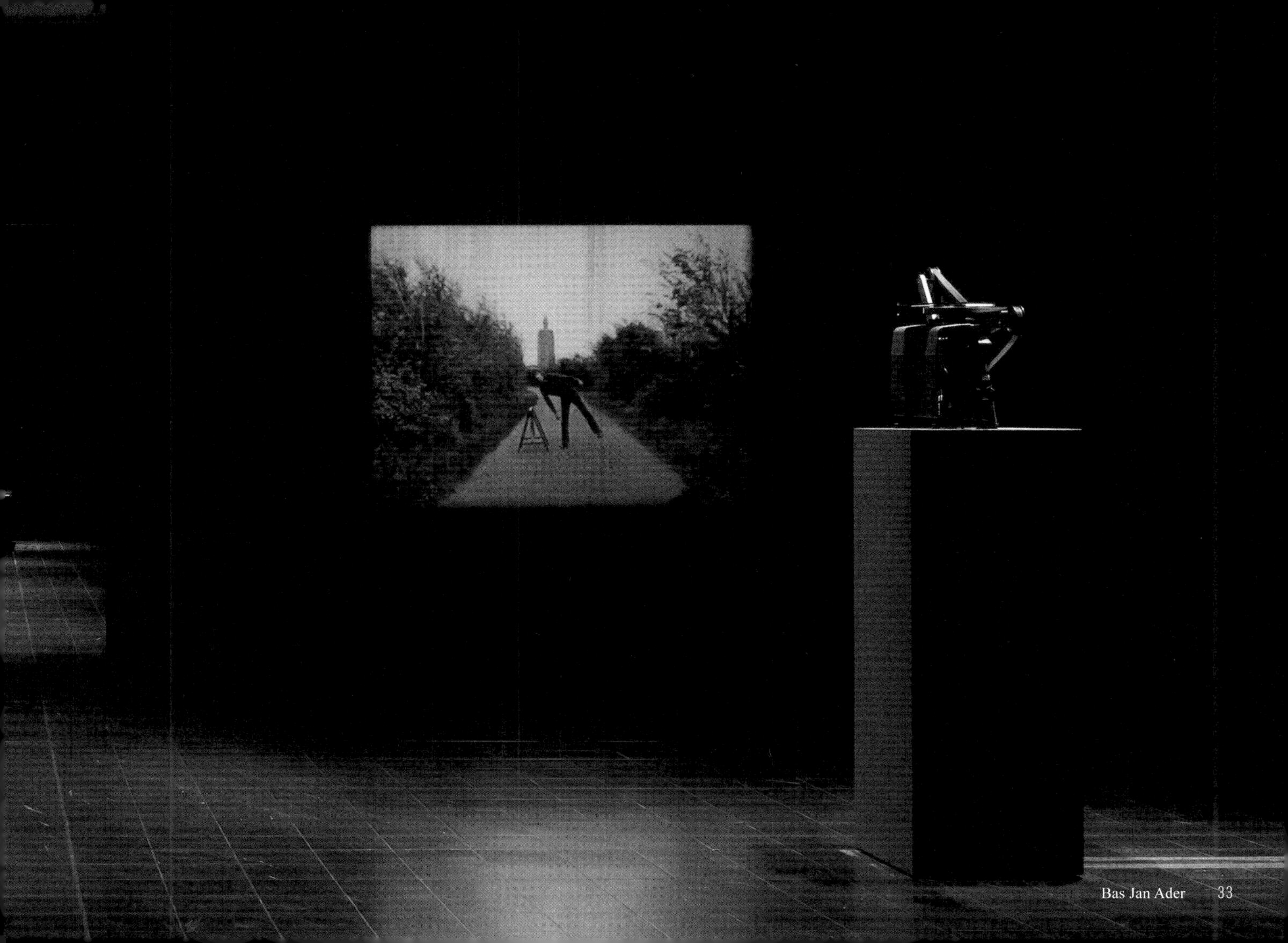

Bas Jan Ader (1942–1975)
In Search of the Miraculous, 1975 (unvollendet/unfinished)

Dokumentationsmaterial und Sound Piece
Archiv Paul Andriesse, Amsterdam
Courtesy Mary Sue Ader-Andersen / Bas Jan Ader Estate at the Patrick Painter Inc., Los Angeles

Der Fall und der Schiffbruch sind die beiden zentralen Metaphern des Scheiterns. Sie bestimmen auch das Werk von Bas Jan Ader. Der 33-jährige Künstler und erfahrene Segler stach im Juli 1975 mit seinem Boot Ocean Wave von Cape Cod, Massachusetts, Richtung England in See. Für Ader war dieser Segeltörn sowohl der Versuch, den Weltrekord für eine Ein-Mann-Überquerung des Atlantiks im kleinsten Boot aufzustellen als auch Bestandteil einer unvollendet gebliebenen Arbeit mit dem Titel *In Search of the Miraculous* (1975). Bas Jan Ader sollte von dieser Reise nie zurückkehren. Drei Wochen nach der Abreise brach der Radarkontakt ab; Monate später wurde das Wrack seines Schiffes vor der Küste Irlands entdeckt, von Ader fehlte jede Spur. Die sehnsuchtsvoll-romantische Suche nach dem „Wunderbaren" (*miraculous*) wurde durch Aders Verschwinden auf See zur Parabel auf die Verletzlichkeit und das Scheitern des Menschen.

The act of falling and the experience of being shipwrecked are two key metaphors for failure, and they also define the work of Bas Jan Ader. In July 1975, the 33-year-old Dutch artist and experienced sailor set sail from Cape Cod, Massachusetts, heading for England. For Ader, this voyage was not only the attempt to break the world record for a single-handed crossing of the Atlantic Ocean – his boat Ocean Wave was the smallest vessel in which this feat had ever been attempted – it was also to be part of an artwork entitled *In Search of the Miraculous* (1975). Bas Jan Ader did not return from this sailing trip, however, and the work was never completed. Radio contact with his boat broke off three weeks into the voyage, and although the wreck was found off the coast of Ireland months later, Ader himself was presumed lost at sea. The artist's disappearance turned his romantic search for the "miraculous" into a parable about human frailty and failure.

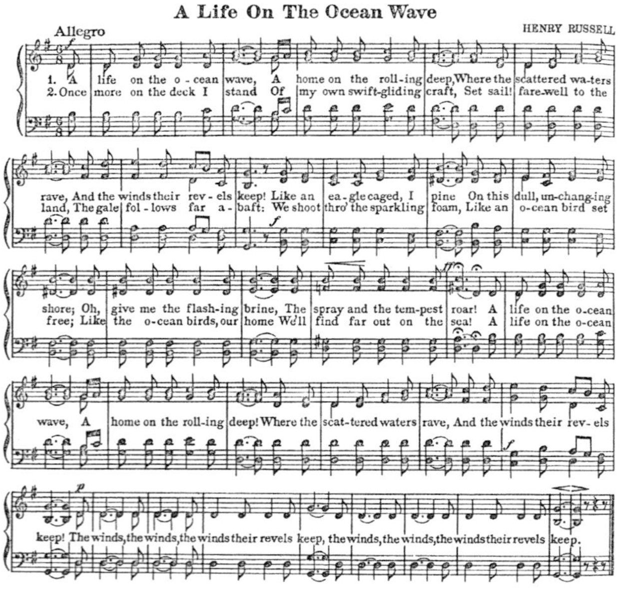
A Life On The Ocean Wave
Allegro
HENRY RUSSELL
1. A life on the o - cean wave, A home on the roll-ing deep, Where the scattered wa-ters rave, And the winds their rev - els keep! Like an ea-gle caged, I pine On this dull, un-chang-ing shore; Oh, give me the flash-ing brine, The spray and the tem-pest roar! A life on the o-cean
2. Once more on the deck I stand Of my own swift-gliding craft, Set sail! fare-well to the land, The gale fol - lows far a - baft: We shoot thro' the sparkling foam, Like an o-cean bird set free; Like the o-cean birds, our home We'll find far out on the sea! A life on the o-cean
wave, A home on the roll-ing deep! Where the scat-tered waters rave, And the winds their rev- els keep! The winds, the winds, the winds their revels keep, the winds, the winds, the winds their revels keep.

Die Galerie Art & Project veröffentlichte im Juli 1975 ein noch von Ader vor seiner Abreise gestaltetes Galeriebulletin. Die Umschlaginnenseite zeigt ein Schwarzweißfoto von Ader in seinem Boot – eine letzte Fotografie, die Aders Ehefrau Mary Sue bei seiner Abreise gemacht hatte. Auf der Rückseite befindet sich eine Notenpartitur zu dem Seemannslied *A Life On The Ocean Wave*. Dieses und weitere Lieder wurden bei der Eröffnung der Ausstellung *In Search of the Miraculous* in der Claire Copley Gallery, Los Angeles, am 22. April 1975 von einem Chor gesungen. (BK)

In July 1975 the Amsterdam-based gallery Art & Project published a bulletin that had been designed by Bas Jan Ader before he embarked on his fateful voyage. The inside cover shows a black-and-white image of the artist in his boat – a last photograph of him taken by his wife Mary Sue as he was leaving. Printed on the back of the bulletin is the score of the shanty *A Life On The Ocean Wave*. This and other songs were performed by a choir at the opening of the exhibition *In Search of the Miraculous* at the Claire Copley Gallery in Los Angeles on 22 April 1975. (BK)

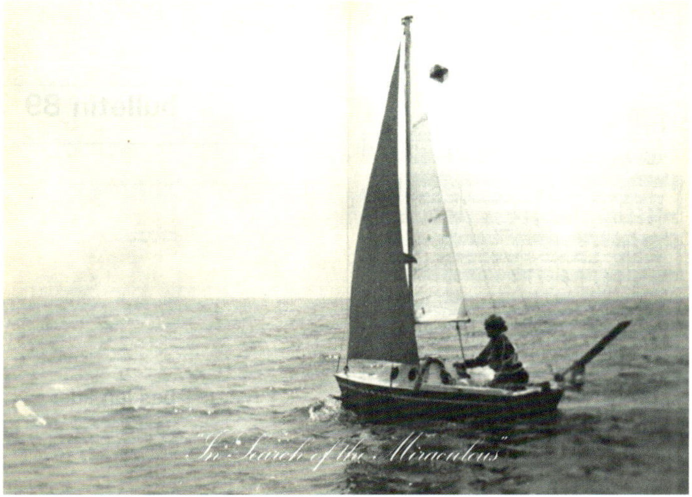

Francis Alÿs (*1959)
Rehearsal I, 1999-2004

Installation mit fünf Bildschirmprojektionen (**Caracoles**, 1998-2004, 4' 20"/ **Ensayo I**, Tijuana, México, 2001, 29'20"/ **Perro-Pelota**, 2000, 1'50"/ **Maqueta para el Ensayo I**, 1999, 15' 20"), Farbe, Ton + Dokumentation
Politics of Rehearsal, 2005-2007, in collaboration with Performa, Rafael Ortega and Cuautémoc Medina, New York City, 30'
Courtesy the artist and Galerie Peter Kilchmann, Zürich

In einer Siedlung am Rande von Tijuana im Norden Mexikos versucht ein roter VW-Käfer wiederholt einen Hügel heraufzufahren – vergeblich. Diese gleichsam moderne, motorisierte Version des Sisyphos wird von einer Blaskapelle, die einen Danzón einübt, bestimmt: Spielen die Musiker, so fährt der Käfer den Hügel hinauf, verspielen sie sich, brechen ab oder stimmen ihre Instrumente, so rollt er wieder hinab. Dadurch entsteht eine Pendelbewegung, in der der Fortgang der Geschichte aufgehoben und der Augenblick des Vollzugs immer weiter aufgeschoben wird.

Ein Junge, der eine Plastikflasche über die Straße kickt, ein Hund der immer und immer wieder nach einem Ball läuft – all dies sind Handlungen, die zu nichts führen, die wie in einer Probe (*Rehearsal*) gefangen und sich selbst genug sind. Wie kaum ein anderer hat der belgische Künstler Francis Alÿs, der seit den späten 1980er Jahren in Mexiko-Stadt lebt, die Magie und Metaphorik des permanenten Erprobens und des vergeblichen Bemühens in das Zentrum seines künstlerischen Werks gestellt. Ist der Vollzug einer Handlung, die Durchführung eines Plans, wirklich ein Erfolg? Müssen wir uns vielleicht Sisyphos als einen glücklichen Menschen vorstellen, wie es Albert Camus in seiner Schrift *Der Mythos des Sisyphos* (1942) formulierte? (BK)

In a housing settlement on the edge of Tijuana in northern Mexico, a red Volkswagen Beetle makes repeated – unsuccessful – attempts to drive up a hill. The outcome of this modern, 'motorised' version of the story of Sisyphus is determined by a brass band rehearsing a *danzón* – when the musicians are playing, the car drives up the hill, but when they make a mistake, break off or stop to tune their instruments, it rolls back down the slope. This creates a pendulum movement whereby the progression of the narrative is repeatedly suspended and the moment of successful completion is further postponed.

A car stopping and starting on a hill, a boy kicking a plastic bottle along a street, a dog endlessly fetching a ball – all of these actions portrayed in the works of Belgian artist Francis Alÿs lead nowhere; they seem to be stuck in permanent 'rehearsal' mode, curiously sufficient unto themselves. Alÿs, who has lived in Mexico City since the late 1980s, places the magic and metaphorical potential of constant rehearsal and futile endeavour at the core of his artistic practice. But does the execution of an action, the implementation of a plan, really represent success? Or should we imagine – as Albert Camus concludes in his essay *The Myth of Sisyphus* (1942) – that Sisyphus is in fact happy in his endless task? (BK)

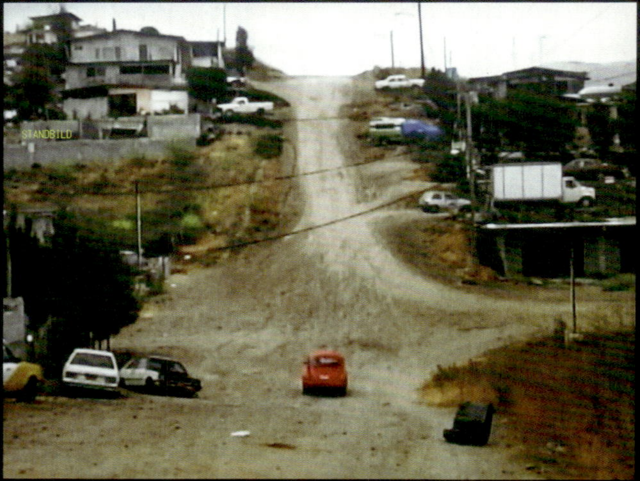
STANDBILD

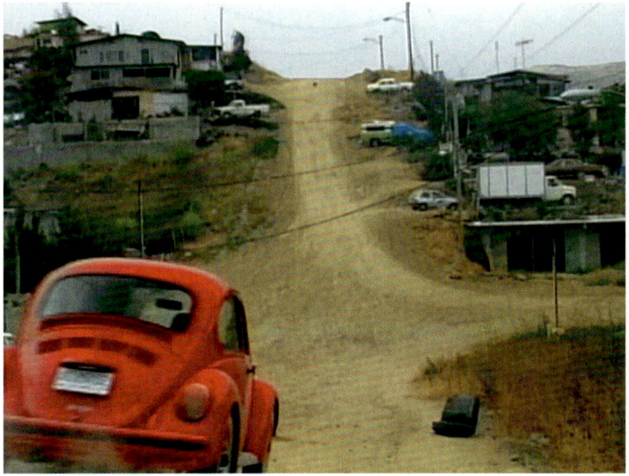
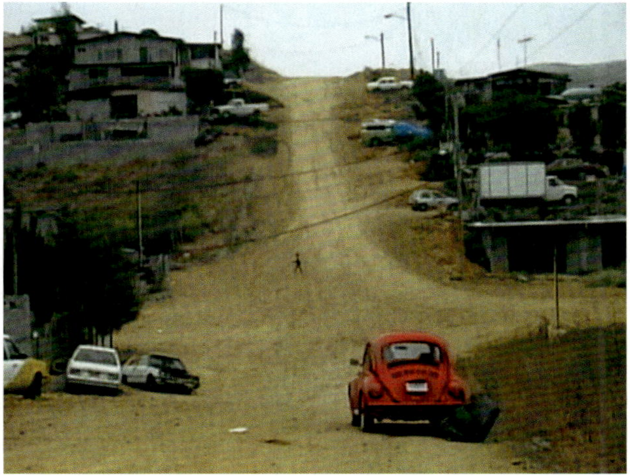
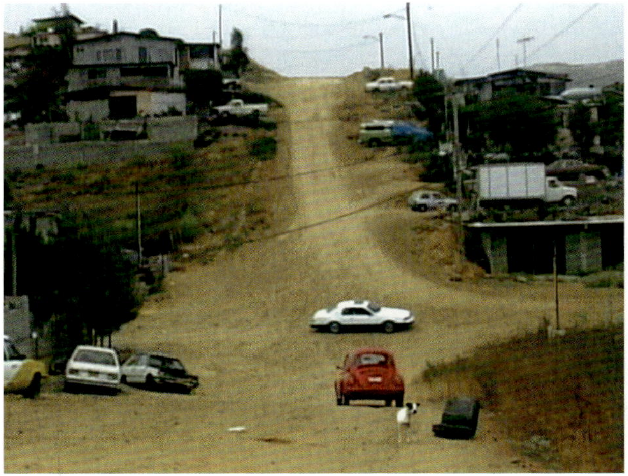
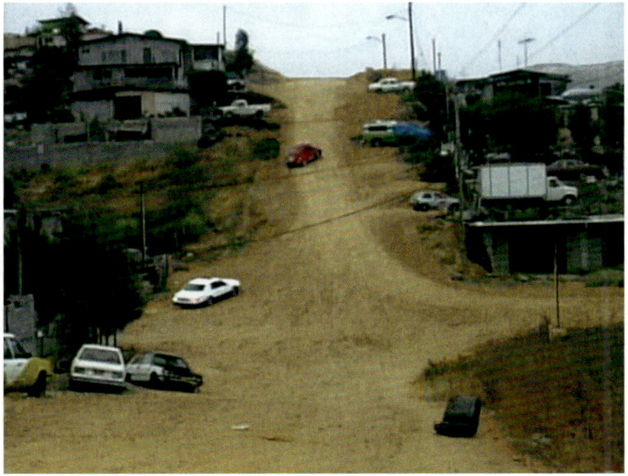

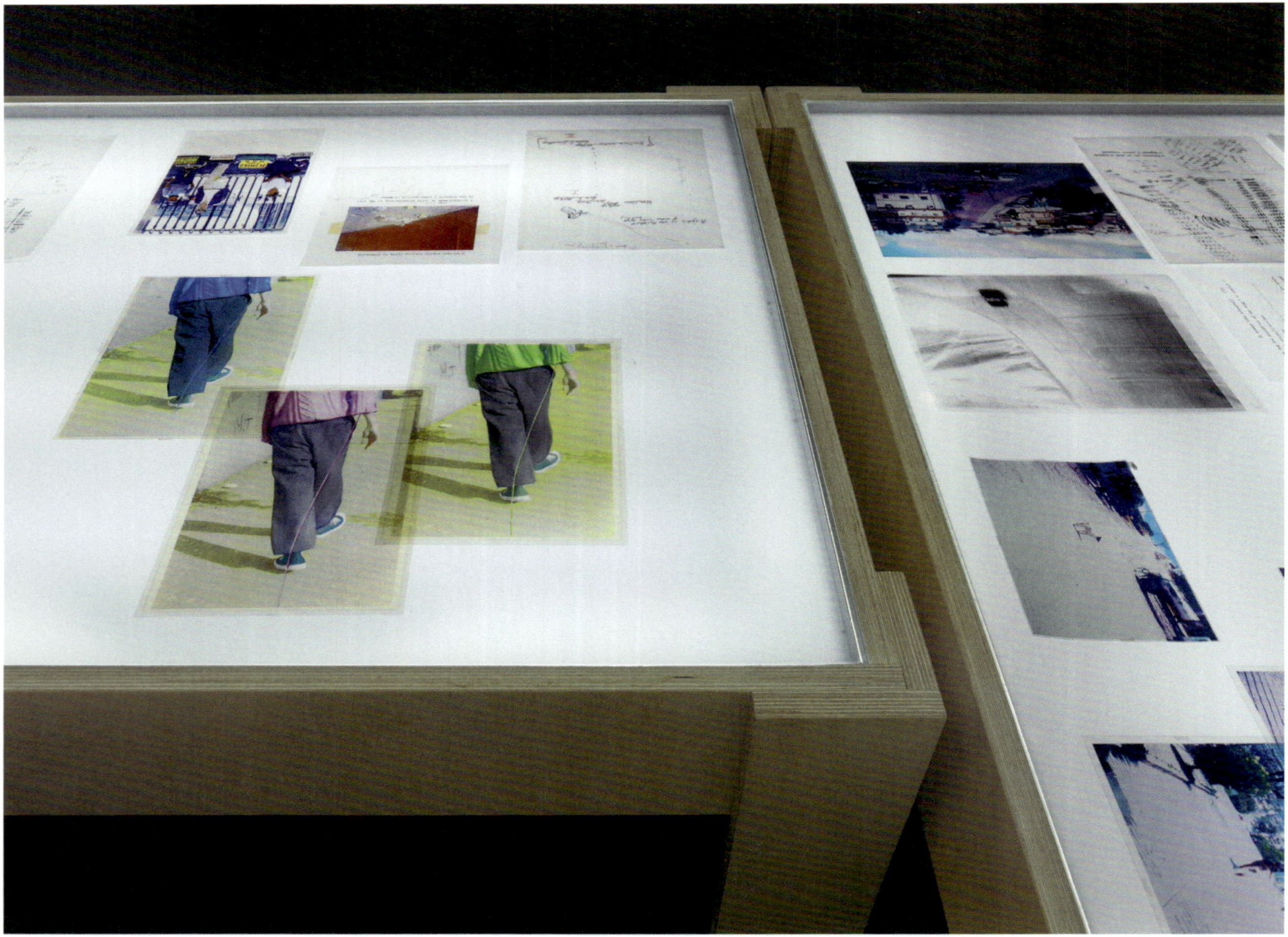

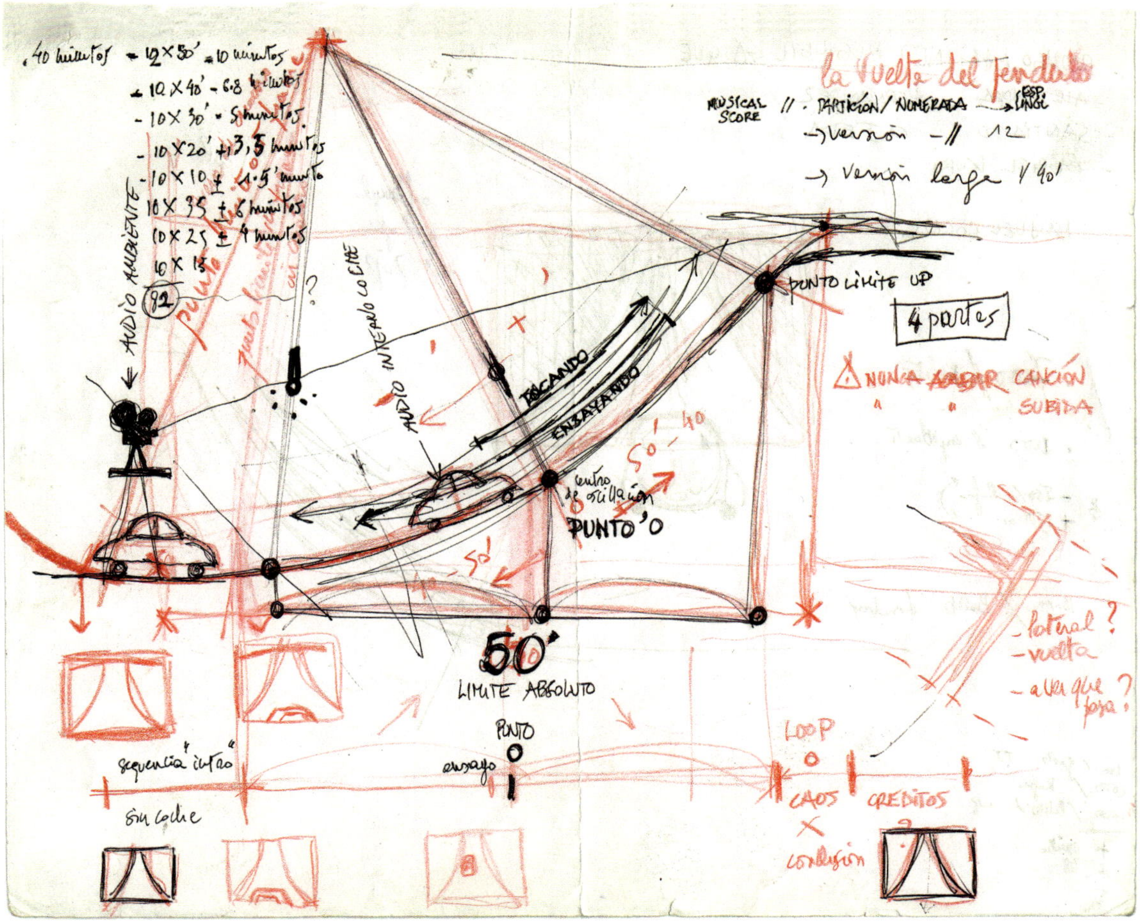
la Vuelta del Pendulo
MUSICAL SCORE
Versión
Versión larga
PUNTO LIMITE UP
4 partes
NUNCA ACABAR CANCIÓN
SUBIDA
AUDIO AMBIENTE
AUDIO INTERIOR COCHE
TOCANDO
ENSAYANDO
centro de oscillación
PUNTO 0
50'
LIMITE ABSOLUTO
PUNTO 0
ensayo
secuencia "intro"
sin coche
LOOP
CAOS
CREDITOS
confusión
- lateral?
- vuelta
- a la que pasa?

John Baldessari (*1931)
Teaching a Plant the Alphabet, 1972

1-Kanal-Video, schwarz-weiß, Ton, 18'
Hamburger Kunsthalle

Wie in einer Lehrsitutation hält John Baldessari, gleichsam in der Rolle eines Lehrers, Tafeln mit Buchstaben des Alphabets vor eine kleine Topfpflanze. Dass diese durchgängig stumm und ohne sichtbare Reaktion bleibt, bedarf kaum einer Erwähnung. Offenkundig handelt es sich hier um ein Lehrspiel, das von vornherein zum Scheitern verurteilt ist. Dennoch hält der Künstler hartnäckig daran fest, auch innerhalb des offensichtlich Vergeblichen nichts unversucht zu lassen. Und gerade im Unvermögen scheinen neue Erkenntnisse durch: So wird nicht zuletzt die künstliche Seite der Sprache, die ihr zugrunde liegende Struktur eines Zeichensystems, deutlich. Wieso sonst erwiese sich die Topfpflanze als so ungeeignet für Baldessaris Übung? (JB)

John Baldessari's video piece presents a kind of teaching situation in which he himself assumes the role of teacher and a small potted plant is his 'pupil'. Baldessari holds up a series of flash-cards depicting the letters of the alphabet, saying each letter out loud a number of times before he moves on to the next one. The plant, needless to say, does not respond. This educational exercise is clearly doomed to fail from the start. Nevertheless, the artist resolutely performs his task despite its obvious futility. Here, it is the very failure to accomplish a goal that provides new insights, above all by exposing the artificial nature of language and its underlying structure as a system of signs. Why else would the pot plant prove to be such an unsuitable subject for Baldessari's experiment? (JB)

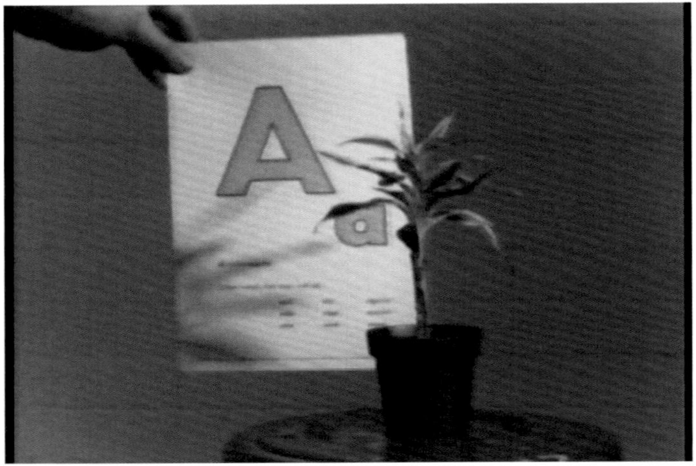
A
a

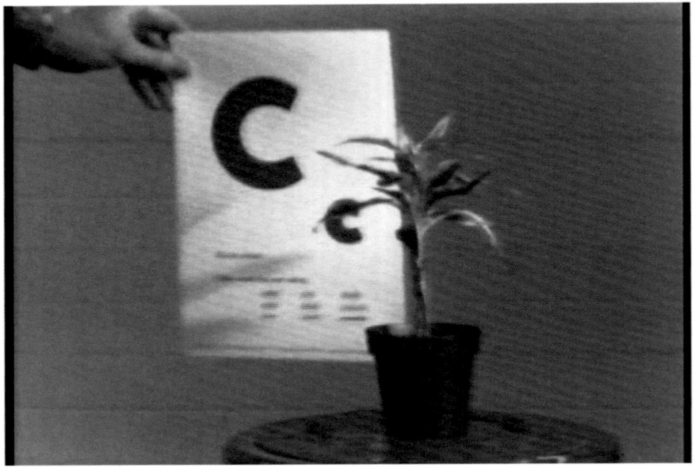
C
c

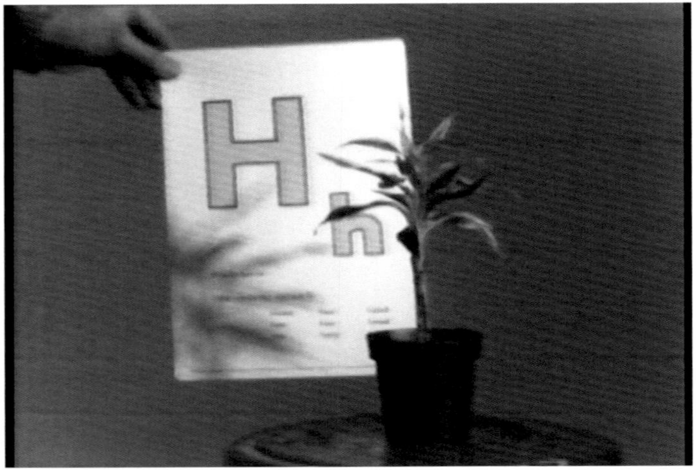
H
h

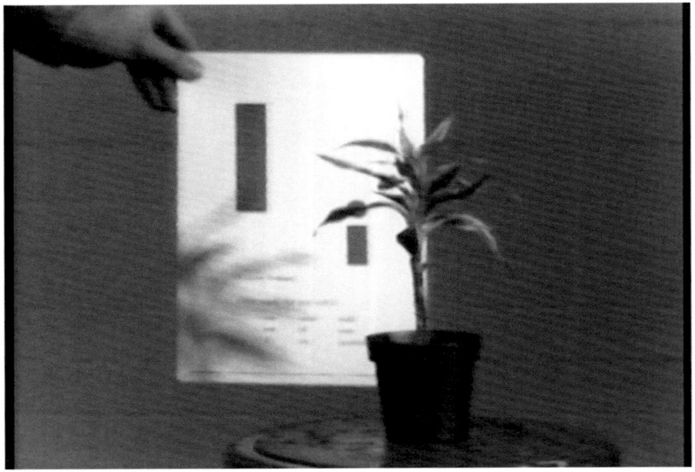
I
i

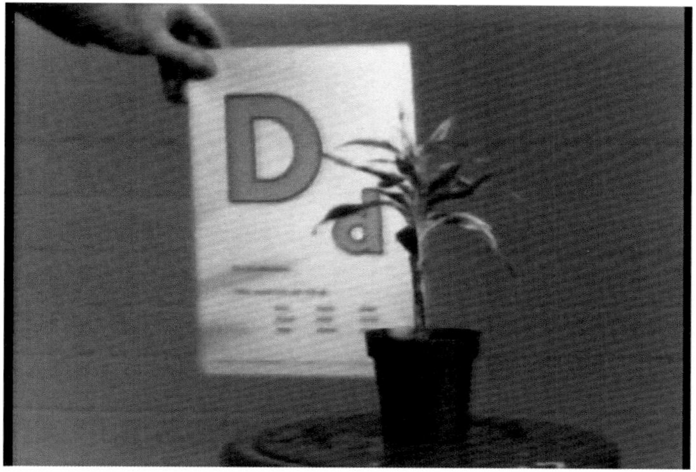
D
d
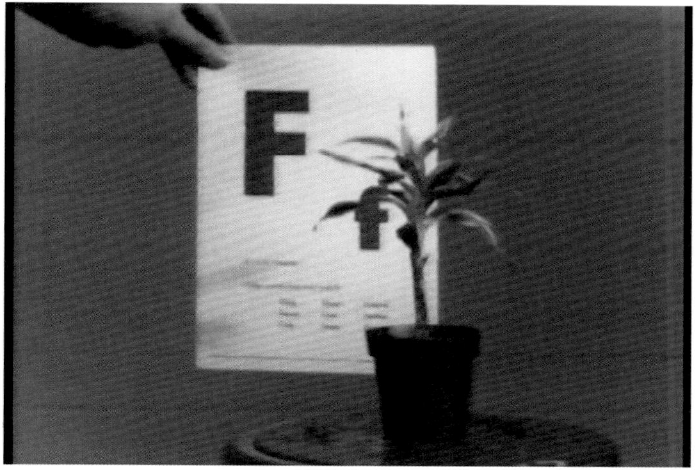
F
f
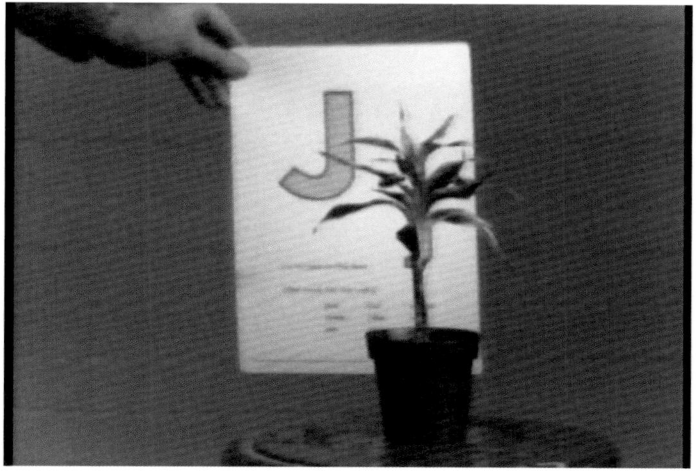
J
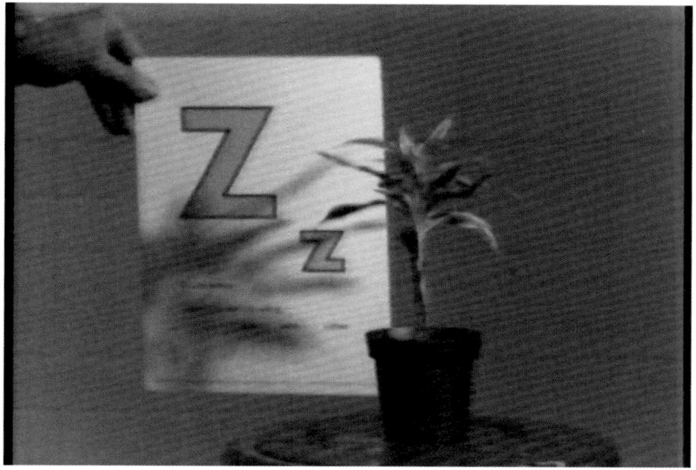
Z
z

Guy Ben-Ner (*1969)
If only it was as easy to banish hunger by rubbing the belly as it is to masturbate, 2009

1-Kanal-Video, Farbe, Ton, 16'30"
Courtesy the artist and Konrad Fischer Galerie, Düsseldorf/Berlin

Guy Ben-Ner hat sich international einen Namen gemacht mit gleichermaßen skurrilen wie philosophischen Kurzfilmen, in denen er seine eigene Lebenssituation als Künstler und Familienvater mit großen Figuren der Weltliteratur (Moby Dick, Robinson Crusoe u.a.) in Verbindung brachte. Wenngleich nun nicht mehr länger seine inzwischen erwachsenen Kinder mitwirken, so ist auch dieser Film eng verbunden mit dem Künstler selbst. Es ist seine Midlife-Krise, die eine Reflexion des bisherigen Lebenswegs mit sich bringt. Das geschieht in Form eines *road movies*, in dem der Protagonist (Guy Ben-Ner selbst) und sein Reise-Kompanion (Joe Thompson, Direktor des Massachusetts Museum of Contemporary Art) durch die Zeit mäandern: Per Flugzeug, Auto und Tandem. Auch Verkehrsunfälle werden stoisch ertragen und können der permanenten Wanderschaft nichts anhaben. Guy Ben-Ner verbindet hier seine persönliche Geschichte (die eigene Scheidung) mit berühmten Zitaten aus der Welt- und Reiseliteratur (z.B. Cervantes: *Don Quijote*; Saint-Exupéry: *Der kleine Prinz*; Verne: *In 80 Tagen um die Welt*). Einem Stück von Beckett vergleichbar können die Figuren nichts vollenden; die Einlösung ihrer Pläne wird unendlich verschoben. Doch die Reise des Lebens geht trotz aller Widrigkeiten immer irgendwie weiter. (BK)

Guy Ben-Ner established his international reputation with a series of short films that are both bizarre and philosophical; in these works, which often involve members of his family, he relates his own life as an artist and father to major characters from works of world literature (including *Moby Dick* and *Robinson Crusoe*). Although Ben-Ner's children are now grown-up and no longer take part in his artworks, *If only...* is also closely related to the artist's own life. It revolves around his midlife crisis, which has prompted a reflection of his life to date. This takes the form of a road movie in which the main character (played by Guy Ben-Ner) and his travelling companion (Joe Thompson, the director of the Massachusetts Museum of Contemporary Art) embark on a meandering journey through time and space by plane, car and tandem bicycle. The traffic accidents they experience en route are stoically endured and do not hinder them from continuing their endless trek. Here, Ben-Ner has interwoven his own biography (including his recent divorce) with famous quotes from literary classics and travelogues (e.g. Cervantes' *Don Quixote*; Saint-Exupéry's *The Little Prince*; Verne's *Around The World in Eighty Days*). Like characters in a Beckett play, the protagonists are unable to complete anything; the execution of their plans is postponed indefinitely. Against all the odds, however, the journey of life somehow goes on. (BK)

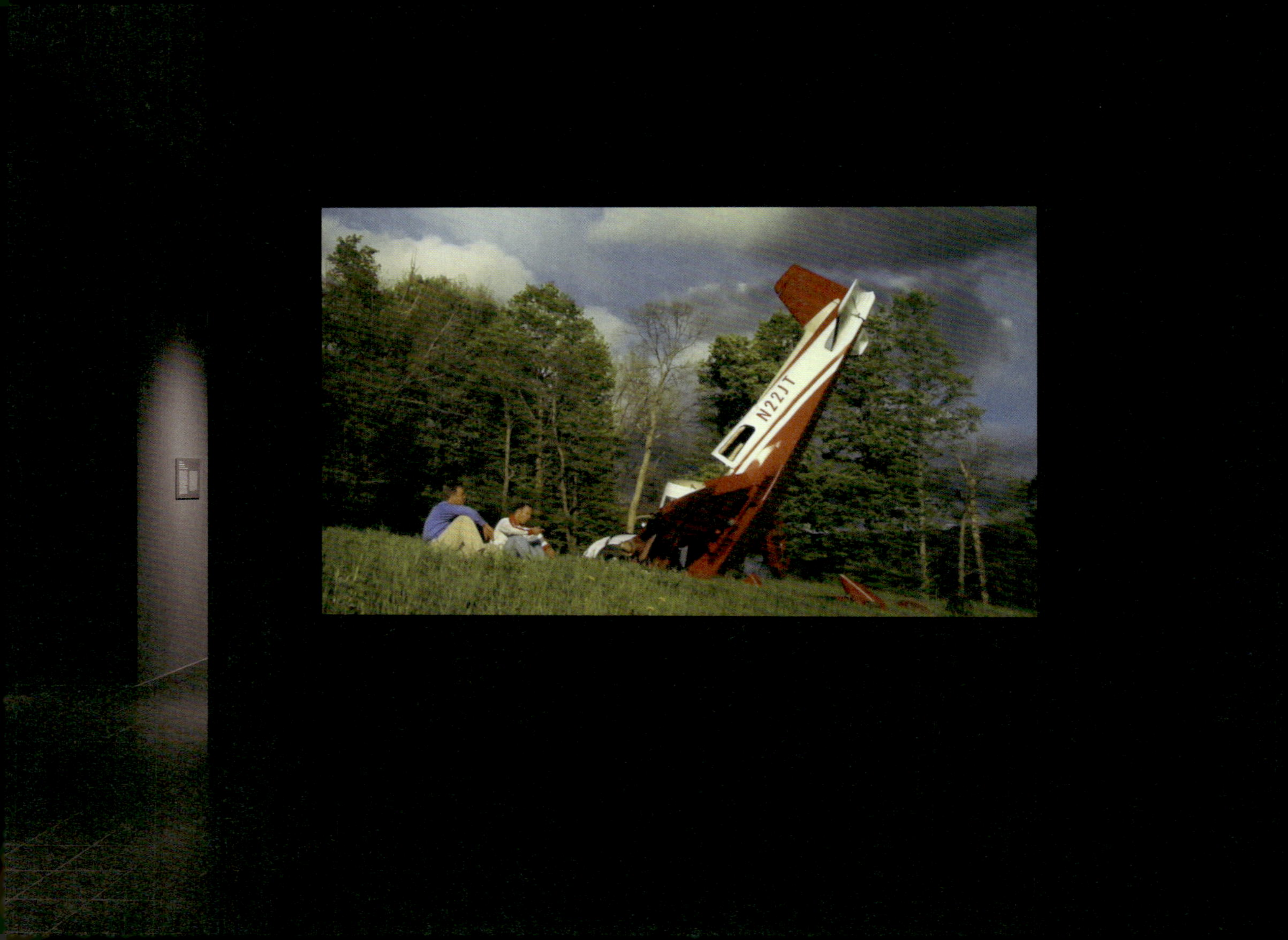
N22JT

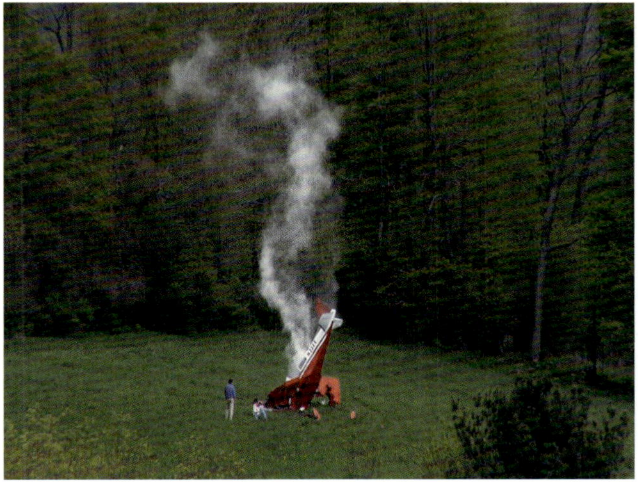
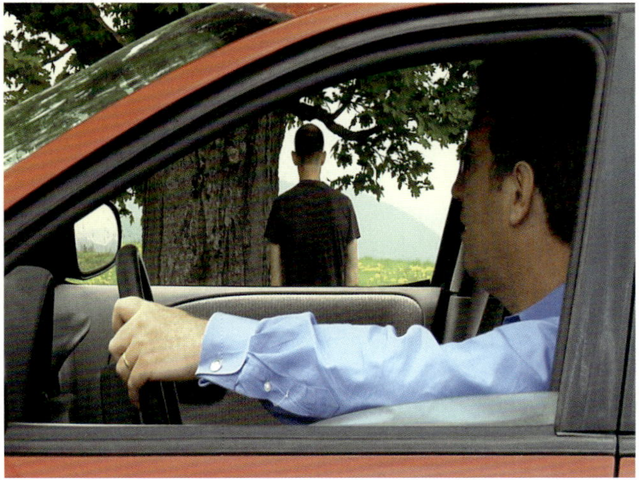
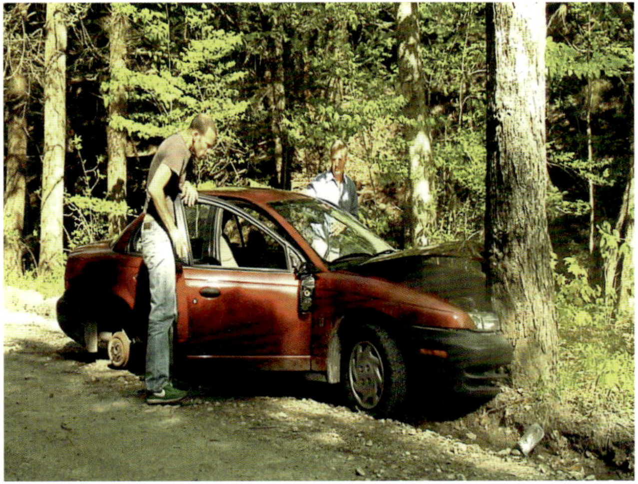
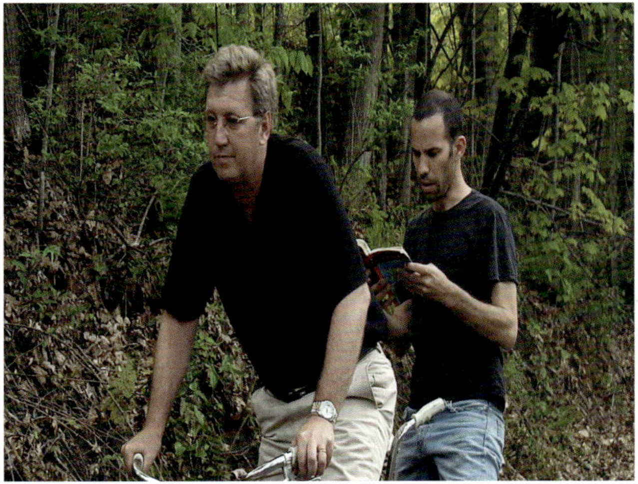

Tacita Dean (*1965)
Disappearance at Sea, 1996

16 mm anamorphic Filmprojektion, Farbe, Ton, 14'
Courtesy the artist, Frith Street Gallery, London and Marian Goodman Gallery, New York & Paris

Disappearance at Sea [Verschollen auf See] ist Teil einer Serie von Werken von Tacita Dean, in der die Künstlerin sich mit der rätselhaften Geschichte des Engländers Donald Crowhurst auseinandersetzt, der 1968 bei dem Versuch die Welt zu umsegeln tragisch scheiterte. Man sieht die betörend schönen Bilder des sich drehenden Lichtapparats eines Leuchtturms und gegen Ende des Films den Meereshorizont im Abendlicht. Der Leuchtturm als äußerster Posten zwischen dem Festland und der unendlichen Weite des Meeres ist eine wichtige Orientierungshilfe des Menschen in Raum und Zeit. Crowhurst jedoch verlor, auf offener See treibend, jede Orientierung und wurde wahnsinnig. Tacita Deans magische Filmbilder erschaffen eine erwartungsvolle Atmosphäre für eine rätselhafte Geschichte, die um Hybris und menschliches Scheitern, um Sehnsucht und Verlust kreist. (BK)

Disappearance at Sea is the first part of a series of works by Tacita Dean that are inspired by the mysterious story of Donald Crowhurst, an English businessman and amateur yachtsman who failed tragically in his attempt to sail around the world in 1968. The film shows seductively beautiful shots of the revolving beacon of a lighthouse and images of the sea horizon in the evening light. Marking the outermost point of the mainland where it meets the endless expanse of the sea, the lighthouse is an important human aid in terms of spatial and temporal orientation. Crowhurst lost his life as he drifted on the open sea, developing an obsession with time that eventually led to insanity. Tacita Dean's magical images create an expectant atmosphere for a strange story that revolves around hubris and human failure, longing and loss. (BK)

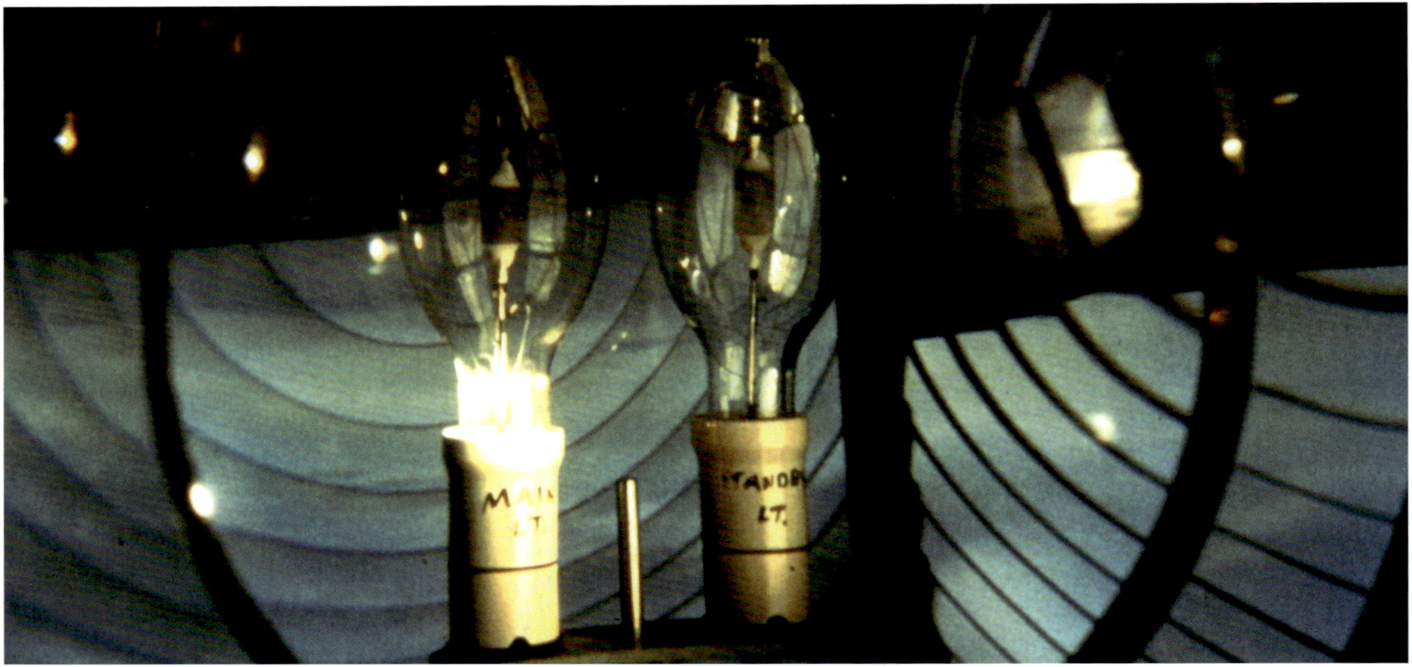

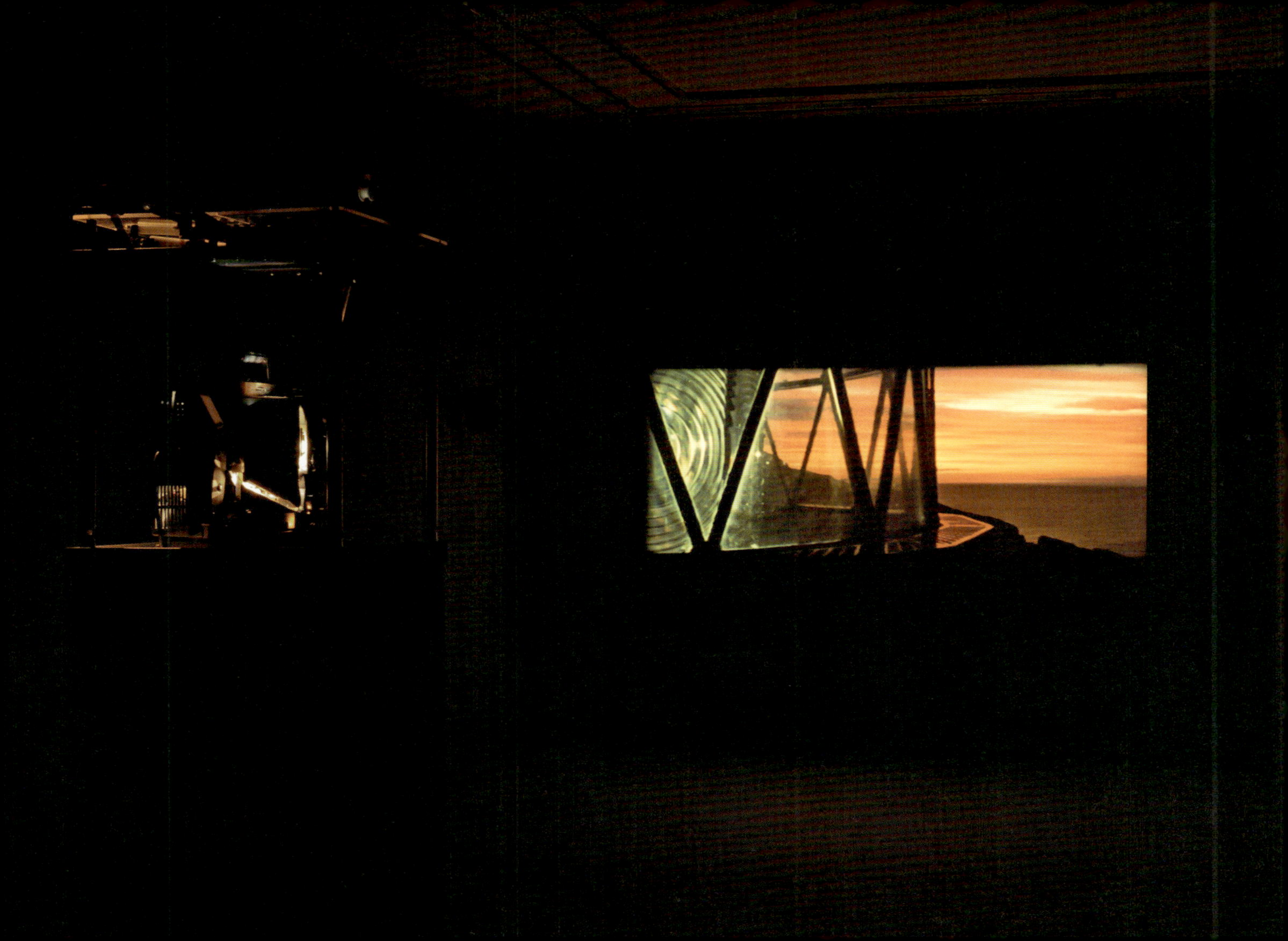

Rineke Dijkstra (*1959)
Ruth Drawing Picasso, 2009

1-Kanal-Video, Farbe, Ton, 6'36"
Courtesy the artist and Jan Mot, Brussels/Mexico City

Der Blick der Schülerin Ruth fixiert einen Punkt außerhalb des Bildfelds. Und immer wieder senkt sie die Augen, um mit ihrem Stift auf ein Blatt Papier zu übertragen, was sie gerade gesehen hat. Dem Titel von Rineke Dijkstras Video ist zu entnehmen, dass es kein Geringerer als Pablo Picasso ist, mit dessen Werk sich Ruth in ihrem Übertragungsversuch befasst. Offensichtlich gehört sie zu einer Klasse, deren Schüler während eines Museumsausflugs zur eigenen künstlerischen Arbeit angehalten wurden. Die hohe Konzentration spricht aus ihrem Gesicht, wird aber auch für den Betrachter physisch erfahrbar durch die Geräusche, die der über das Papier fahrende Stift erzeugt. Die Haltung des Mädchens, ihr eingeschüchterter Blick und ihre immer wieder von außen unterbrochene Konzentration lassen kaum vermuten, dass ihr die gestellte Aufgabe leicht von der Hand ginge. Und doch kehren ihre Augen immer wieder zu diesem Werk zurück, immer wieder setzt sie mit ihrem Stift neu an. Dijkstras Video macht sowohl auf Picassos Original als auch auf Ruths Umsetzung neugierig – in dem Wissen, dass jede Übertragung, von wem auch immer sie stammt, nichts anderes als eine Übersetzung sein kann. (JB)

A schoolgirl's gaze focuses on something outside the frame of the camera, then drops back down onto the pad of paper in her lap as she attempts to sketch what she has just seen. The title of Rineke Dijkstra's video informs us that it is none other than Pablo Picasso whose work the schoolgirl (Ruth) is copying. She apparently belongs to a group of pupils on a museum visit who have been instructed to create their own work of art based on an exhibited piece. Ruth's concentrated efforts are visible on her face and are also perceptible in the sound of her pencil moving across the paper. Although her posture, and the fact that she is frequently distracted by things going on around her, give the impression that she is not finding it easy, her eyes keep returning to the exhibited artwork and she repeatedly puts pencil to paper in the attempt to complete the set task. Dijkstra's video arouses our curiosity about Picasso's work and also about Ruth's version of it – although we are fully aware that no matter who it is done by, a copy can never be anything but a translation. (JB)

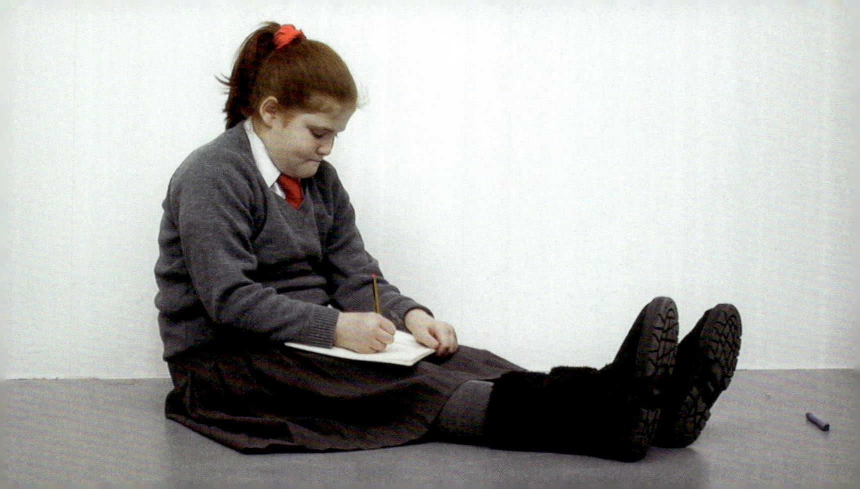

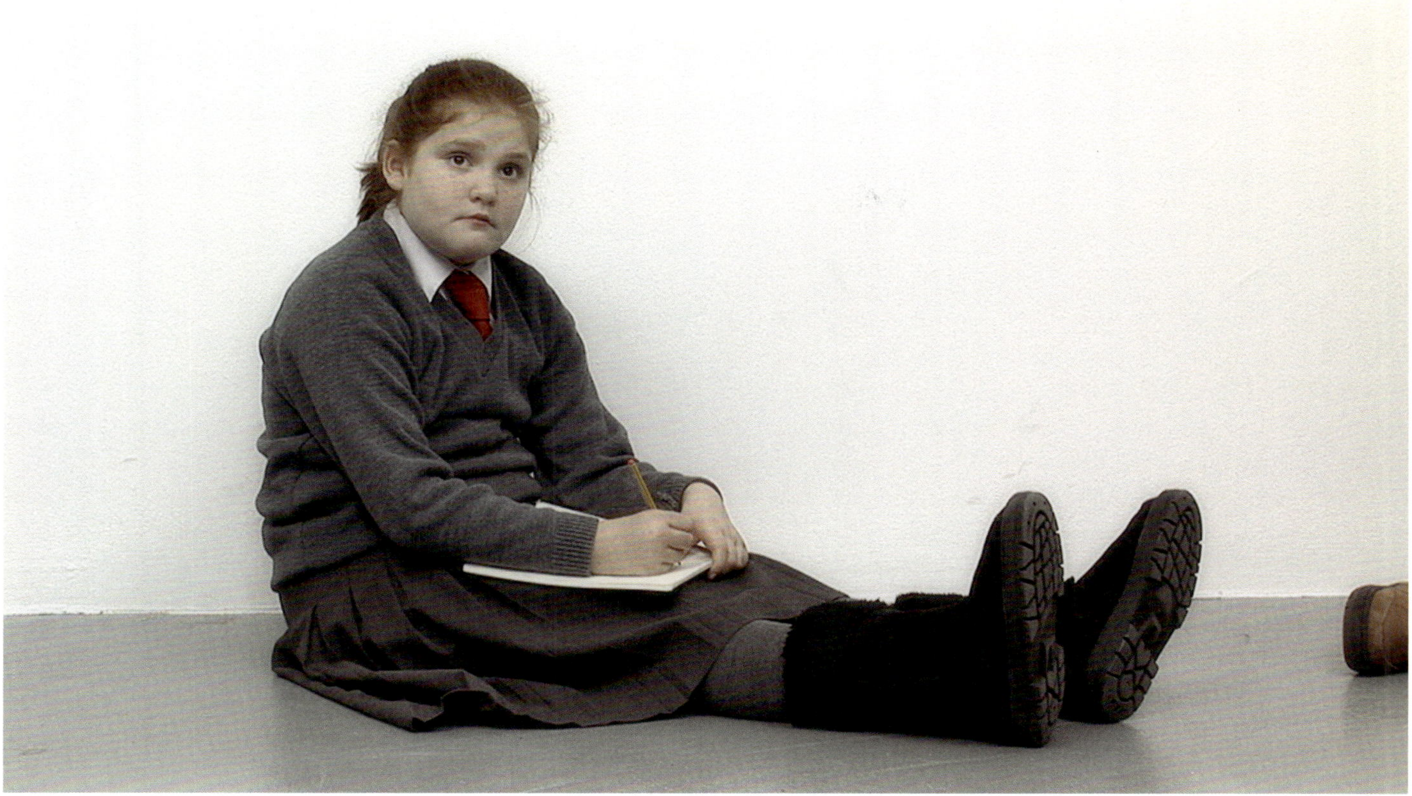

Tracey Emin (*1963)
***Why I Never Became a Dancer*, 1995**

1-Kanal-Video, Farbe, Ton, 6'40"
Hamburger Kunsthalle

Es sind intime Erinnerungen, die Tracey Emin in ihrem Video *Why I never became a dancer* dem Betrachter anvertraut. Sie spricht über ihre Jugend in dem kleinen Badeort Margate, dem Erwachen ihrer Sexualität und der Ausnutzung dieser sexuellen Neugier von Seiten älterer männlicher Partner. Getragen von ihrem Wunsch, dem Trott des Kleinstadtlebens zu entkommen, versucht sie einen lokalen Tanzwettbewerb zu gewinnen. Durch die Demütigung von Anwesenden, zumeist ehemalige sexuelle Partner von Emin, die sie in Rufchören als „Nutte" ausschimpfen, zerbricht ihr ersehntes Ziel, am British Disco Dance Championship in London teilzunehmen. Es ist ein anderer Weg, den sie einschlägt, die Ausbildung zur Künstlerin, und in dieser Form bietet sie am Ende des Videos ihren einstigen Peinigern die Stirn. Bevor sie vor laufender Kamera ihren das Video krönenden Tanz beginnt, ertönt ihre Stimme aus dem Off: „Shane, Eddy, Tony, Doug, Richard … this one's for you." (JB)

Tracey Emin shares intimate personal memories with viewers of her video work *Why I never became a dancer*. She talks about growing up in the seaside town of Margate, her awakening sexuality and how her youthful curiosity was exploited by older male partners. She describes how, driven by a desire to escape the monotony of small-town life, she entered a local disco-dancing competition. However her long-held ambition to compete in the British Disco Dance Championship in London was thwarted when a group of local men – most of whom she had slept with – humiliated her by loudly chanting "slag" during her performance. Emin subsequently chose a different path and trained as an artist, and it is in this guise that she stands up to her former tormentors at the end of the video. Just before she starts to dance in front of the camera in the culminating scene, her off-screen voice announces: "Shane, Eddy, Tony, Doug, Richard … this one's for you." (JB)

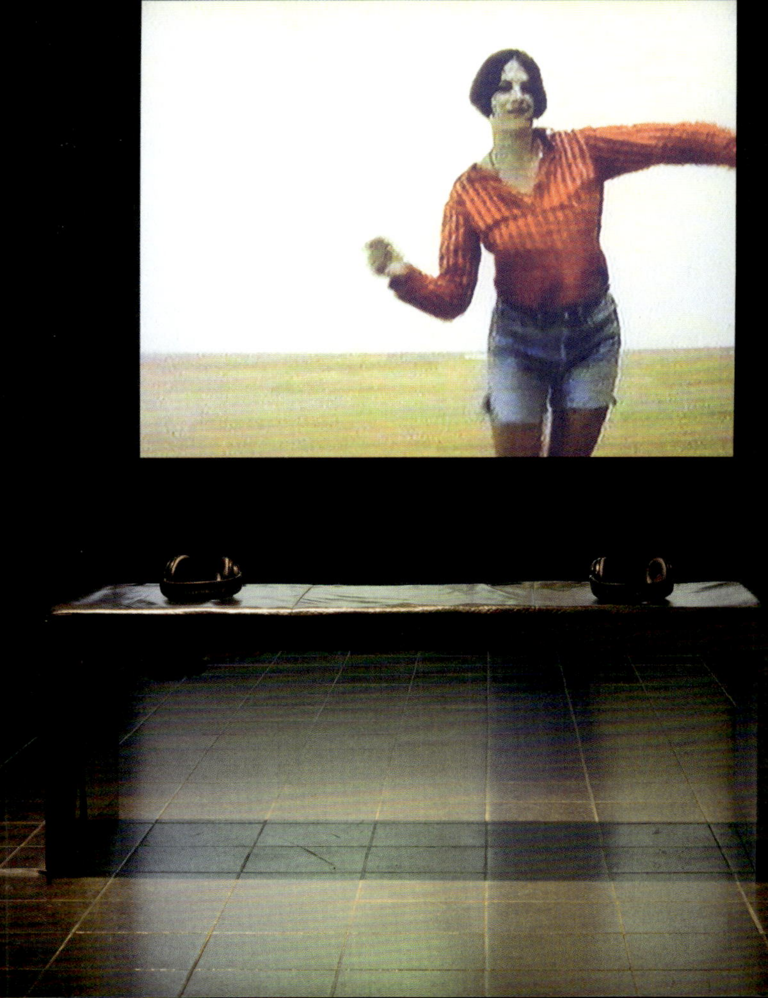

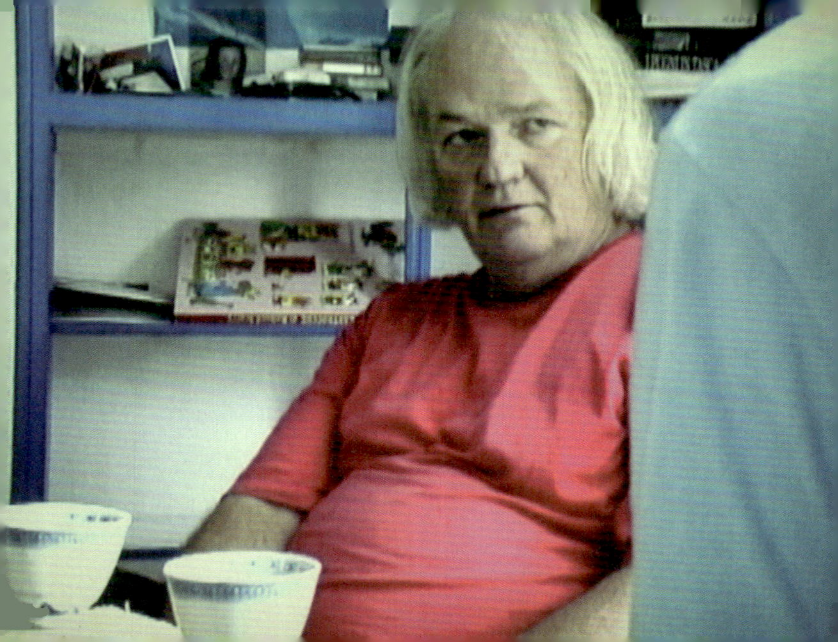

Jeanne Faust (*1968)
Interview, 2003

1-Kanal-Video, Farbe, Ton, 8'12"
Hamburger Kunsthalle

An keinem Punkt stellt sich in Jeanne Fausts *Interview* das Gefühl ein, Fragende und Befragter würden ihre Rolle gemäß gängiger Vorstellungen von Interviews einnehmen. Anstatt sich aufeinander einzulassen, herrscht eine beklemmende Atmosphäre von gegenseitigem Misstrauen, Bevormundung und gezielter Bloßstellung. Das Interview ist vorbei, bevor es überhaupt richtig begonnen hat. Weil hier der gewohnte Verlauf solcher Gespräche ins Stocken gerät, erfahren wir eher etwas über die Mechanismen, die während eines Interviews am Werk sind, als über den Vorgestellten selbst, den aus Fassbinder-Filmen bekannten Lou Castel. Freilich kommen berechtigte Zweifel auf, ob hier ein Gespräch wirklich scheitert oder das Scheitern des Interviews nur gespielt wird: Zu künstlich wirkt diese in ihrem Scheitern geradezu perfekte Begegnung. Jeanne Faust gelingt es hier, ein missglücktes Interview mit sezierendem Blick zu reinszenieren, das sie zuvor bereits mit Castel geführt hatte. Die Brüche, die sich in der Reinszenierung offenbaren, legen nachdrücklich die Mechanismen von klassischen Interviewsituationen frei. (JB)

At no point during Jeanne Faust's *Interview* does one have the feeling that either the interviewer or the interviewee are fulfilling their roles in the way one would normally expect them to in this situation. Rather than engaging in an open conversation, they confront one another in an oppressive atmosphere marked by mutual distrust, patronising behaviour and deliberate attempts to expose the other party. The interview is over before it has really begun. Precisely because it does not follow the normal course of such conversations, we learn more about the operating mechanisms of an interview than we do about its subject – Lou Castel, an actor who has worked with Rainer Maria Fassbinder and Philippe Garrel, among others. The near-perfect failure of the encounter makes it seem quite artificial and raises doubts as to whether the conversation really does break down or if the exchange is merely being acted out. Here, an interview that Faust had already conducted unsuccessfully with Castel has indeed been restaged and thereby subjected to the artist's analytical gaze. The ruptures that manifest themselves in this re-enactment expose the hidden mechanisms of the classic interview situation. (JB)

Peter Fischli & David Weiss (*1952; 1946–2012)
Der Lauf der Dinge, 1986–1987

1-Kanal-Video, Farbe, Ton, 30′
Hamburger Kunsthalle

Das Künstlerduo Fischli & Weiss führt mit seinem Video *Der Lauf der Dinge* eine scheinbar aus den Fugen geratene Verselbständigung von Alltagsgegenständen vor Augen. Die Bewegung eines Objekts hat hier den Anstoß eines jeweils nächsten zur Folge, wobei sich der Einfluss der Künstler einzig im Arrangement der Dinge, nicht aber in ihrer Bewegung selbst artikuliert. Die sich im Video entfaltende Eigendynamik der Objekte macht uns auf spielerische Weise die Konsequenzen bewusst, die mit einer vermeintlich unscheinbaren Bewegung einhergehen kann und deren Folgewirkungen wir nie gänzlich zu überblicken vermögen. Vorgänge, die zunächst wie Unfälle aussehen, entpuppen sich hier als Notwendigkeit, wird doch dadurch erst der Lauf des Films in Gang gehalten. Dem Fehlen einer von außen auf die Dinge einwirkenden Kontrolle werden demnach positive Qualitäten abgewonnen und aus einem scheinbar entfesselten Ganzen spricht eine implizite Folgerichtigkeit, die auch uns Betrachter angesichts eines stets nur begrenzt selbstbestimmten Lebens tröstlich stimmen kann. (JB)

In their celebrated video piece *The way things go*, the artist duo Fischli & Weiss present everyday objects that appear to have taken on a life of their own. In a chain reaction, one object sets another in motion, whereby the artists' influence extends only to the arrangement of the objects, not their actual movement. The dynamism unleashed by the ordinary objects in this video playfully reminds of the consequences that can result from a seemingly simple action, the full repercussions of which can never be foreseen. Here, occurrences that at first appear to be accidental turn out to be necessary in order to keep the film going. In this way it becomes possible to find positive qualities in the absence of external control, and an apparently unconnected whole is revealed as having an inherent consistency – a fact that may be of some consolation to viewers with respect to their own lives, over which they can never have full control. (JB)

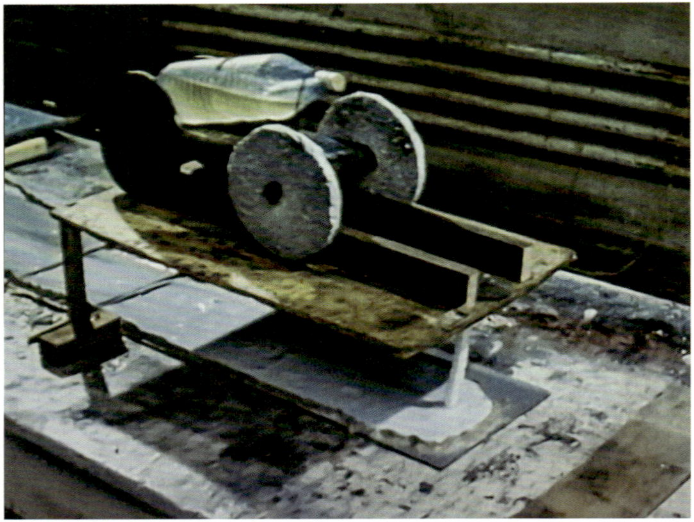

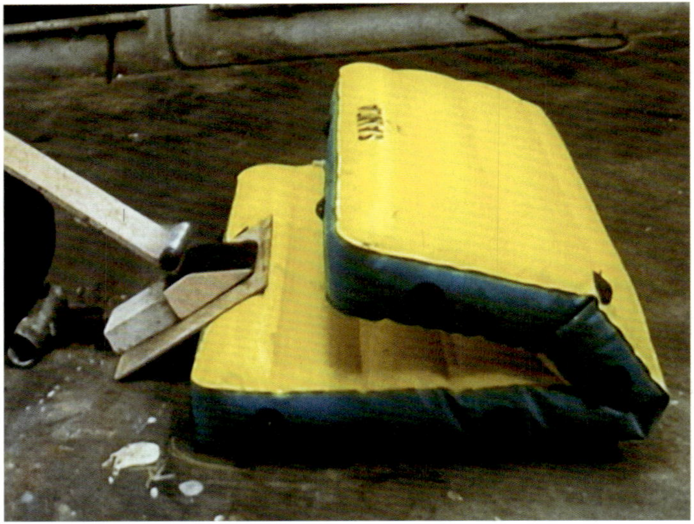

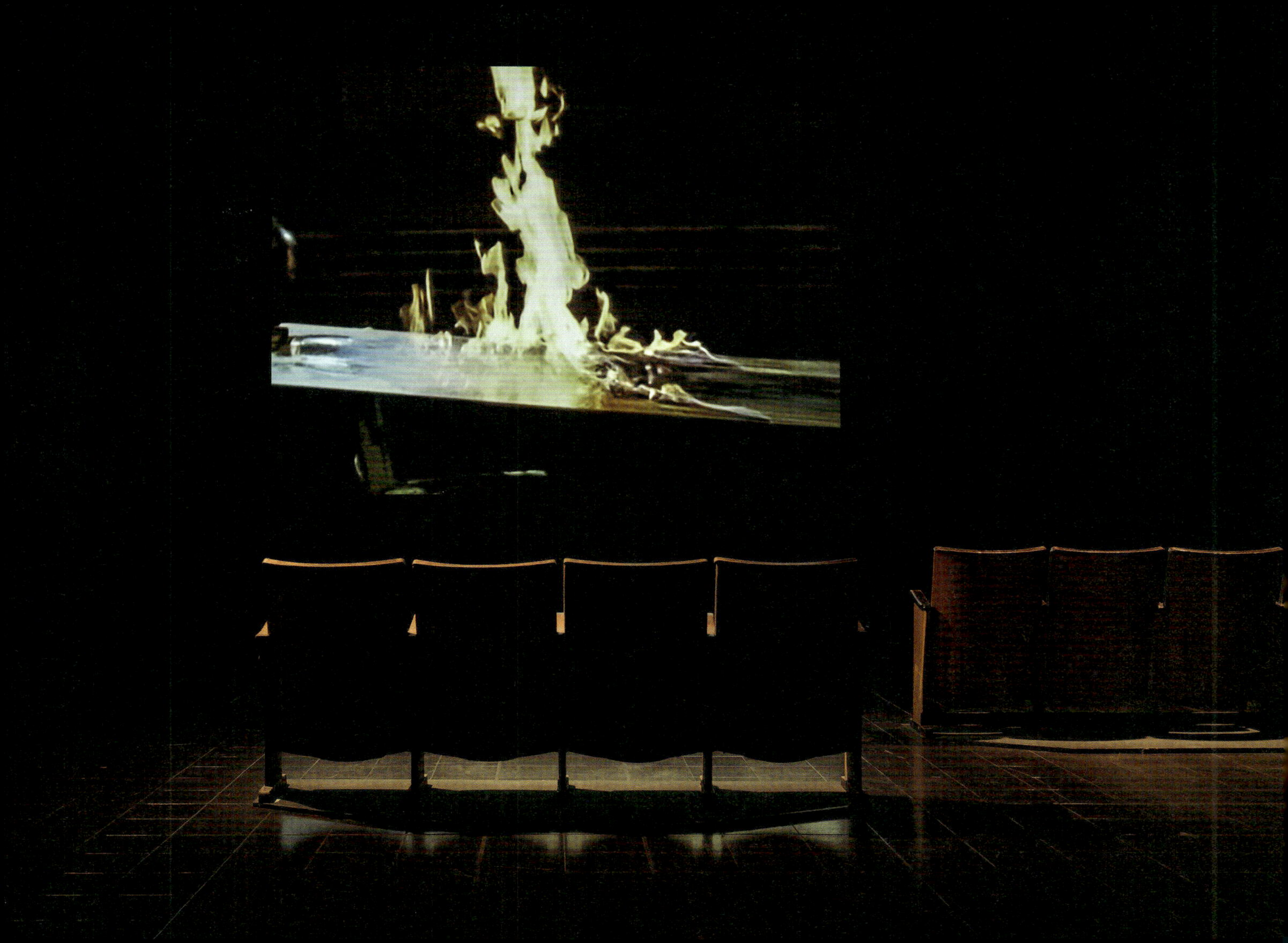

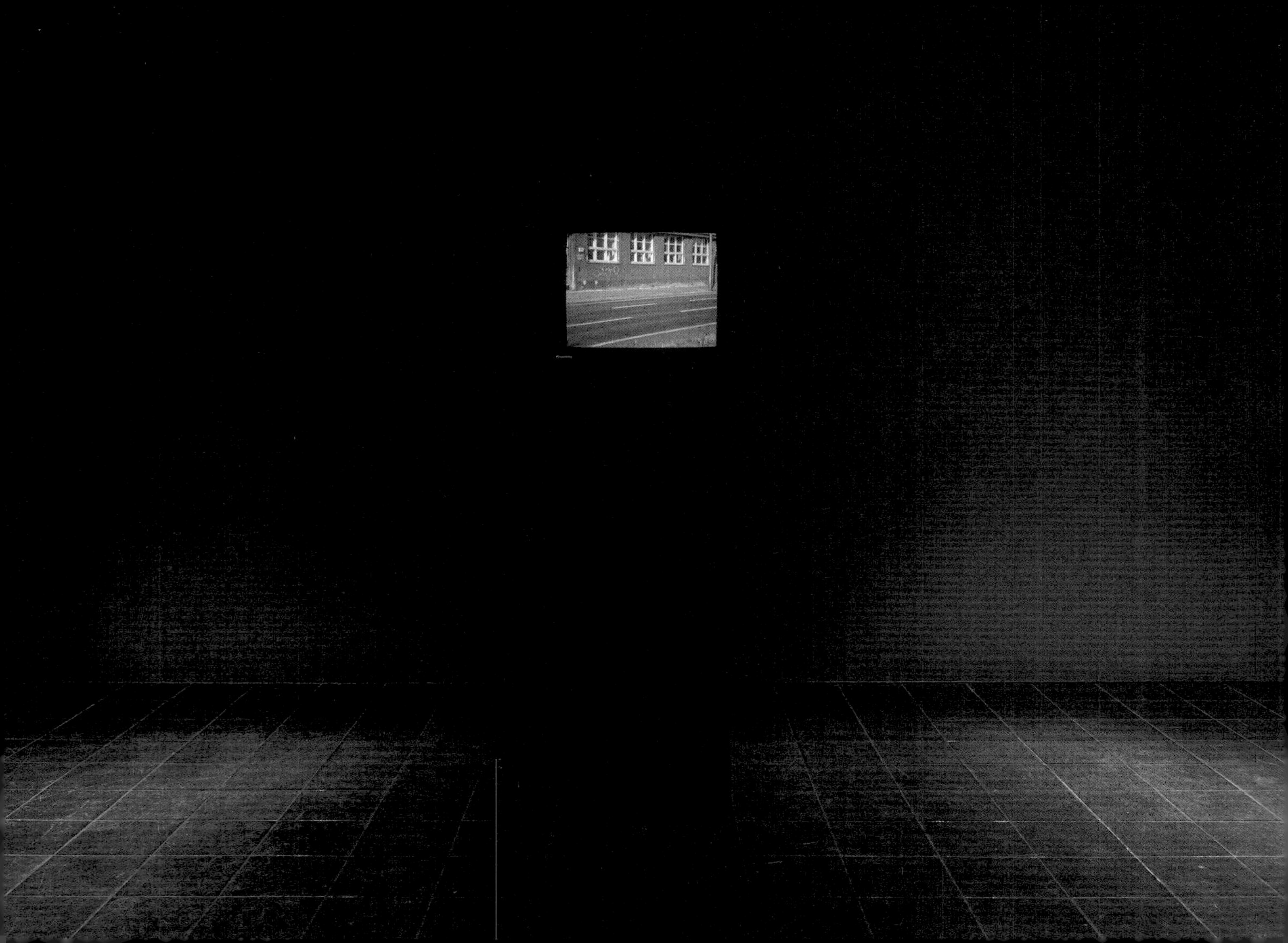

Ceal Floyer (*1968)
Butterfly Effect, 1993

1-Kanal-Video, Farbe, Ton, 18"
Courtesy the artist and Esther Schipper, Berlin

Mit minimalen Mitteln arbeitet Ceal Floyer in der Videoarbeit *Butterfly Effect*. Der Titel rekurriert auf die Chaostheorie, wonach bereits der Flügelschlag eines Schmetterlings eine unabsehbare Kette von Reaktionen auslösen kann. In einer Zeit, die ein Höchstmaß an Rationalisierung in jeder noch so geringen Handlung anstrebt, muss die Vorstellung eines solchen Kontrollverlusts zutiefst beunruhigen. Denn was außerhalb der menschlichen Gestaltungsmacht steht, wird aus dieser Warte notwendig zu einer Bedrohung, die es mit allen Mitteln zu bannen gilt. Die Erwartung aber, die Floyer mit der Titelgebung hervorruft, läuft bei der Betrachtung der Videos ins Leere: Auf den Schmetterling, der durch den Kameraausschnitt fliegt, folgt nichts. Oder genauer: Es folgt die Wiederholung eben jenes Schmetterlingsflugs, der dem Loop des achtzehnsekündigen Videos geschuldet ist. Diese ununterbrochene Wiederholung eines Vorganges, der ohne Konsequenz bleibt, schlägt einen geradezu versöhnenden Ton gegenüber Befürchtungen an, die Dinge könnten uns durch geringste Veränderungen aus den Händen gleiten. (JB)

Ceal Floyer uses minimal means to maximum effect in this subtle video piece. The title is a reference to chaos theory, which asserts that the flap of a butterfly's wings can trigger an unpredictable chain of reactions. In an era when the greatest possible rationalisation is sought for every action – even the very smallest –, the notion of such a lack of control can be deeply unsettling. Viewed from this perspective, anything that lies beyond human power represents a threat that must be eliminated using every possible means. When one watches the video, however, the expectation generated by Floyer's title is not fulfilled: the flight of the butterfly across the screen leads to nothing. Or more precisely, it leads to the repetition of the very same butterfly flight, due to the looping of the 18-second-long video sequence. This uninterrupted repetition of an event with no obvious repercussions strikes a rather conciliatory tone and serves to dispel fears that the smallest change might cause things to slip out of our grasp. (JB)

Annika Kahrs (*1984)
Strings, 2010

HDV-Video, Farbe, Ton, 8'20"
Courtesy the artist and Produzentengalerie, Hamburg

Ein Streichquartett trägt das um 1800 entstandene Werk c-Moll op. 18 Nr. 4 von Ludwig van Beethoven vor. Nach dem ersten Satz tauschen die vier Musiker ihre Plätze und Instrumente. Vier Mal wird gewechselt bis jeder der Musiker wieder an seinem ursprünglichen Platz und Instrument sitzt. Die hohe Kunst eines Streichquartetts, vier individuelle Stimmen zu einer homogenen, harmonischen Einheit zusammenzufügen, gerät bei diesem Wechsel-Spiel mehr und mehr aus den Fugen. Die Souveränität und Meisterschaft auf dem eigenen Instrument weichen einer zunehmenden Verunsicherung, schiefen Tönen, Fehlgriffen. Wege einzuschlagen, die uns fremd und ungewohnt sind und die Möglichkeit des Scheiterns zulassen, sind Voraussetzungen für Neues und Außergewöhnliches. Und so sollte ein suchender, offener Prozess eher im Zentrum von künstlerischer Kreativität stehen als das ergebnisorientierte Herstellen eines Produkts. Der amerikanische Künstler John Baldessari formulierte treffend: „Kunst entsteht aus dem Scheitern. Man muss Dinge ausprobieren. Man kann nicht herumsitzen, fürchten etwas falsch zu machen und sagen, ‚Wenn ich etwas tue, dann gleich ein Meisterwerk'." (BK)

A string quartet performs Ludwig van Beethoven's quartet in C minor, Op. 18, No. 4, which was composed around 1800. At the end of the first movement, the four musicians swap places and instruments. They repeat this action four times, until each of them is back in their original place with their own instrument. During this game of exchange, the fine art of combining four individual voices into a homogeneous, harmonious whole gradually falls apart. The confidence and virtuosity with which the musicians play their own instruments increasingly gives way to uncertainty, wrong notes and other mistakes. Nevertheless, a willingness to explore new avenues and accept the possibility of failure is required if one wishes to create something new and extraordinary, which is why the basis of artistic creativity should be an open-ended, searching process rather than the goal-oriented fabrication of a product. As the American artist John Baldessari once put it: "Art comes out of failure. You have to try things out. You can't sit around, terrified of being incorrect, saying 'I won't do anything until I do a masterpiece.'" (BK)

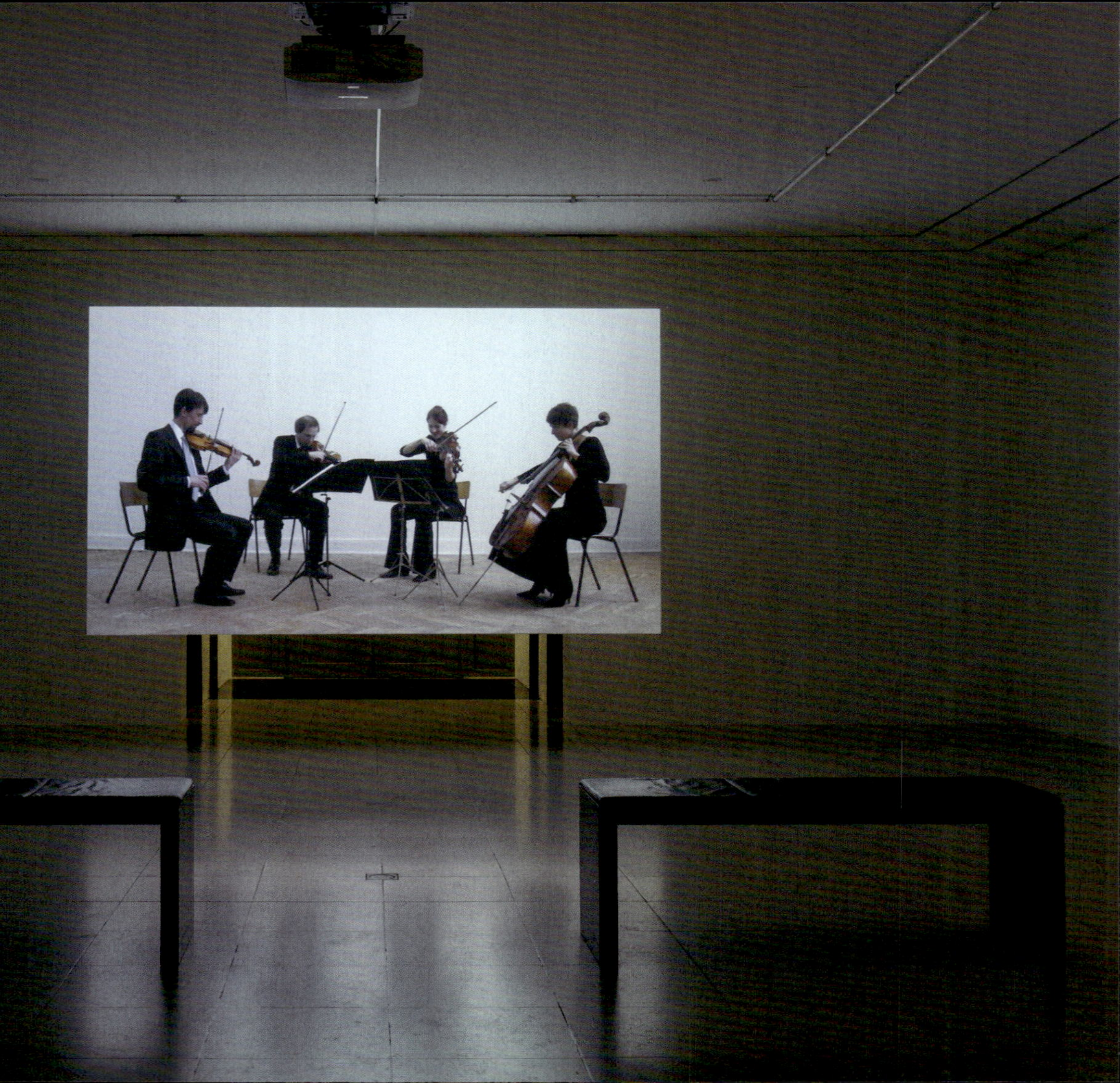

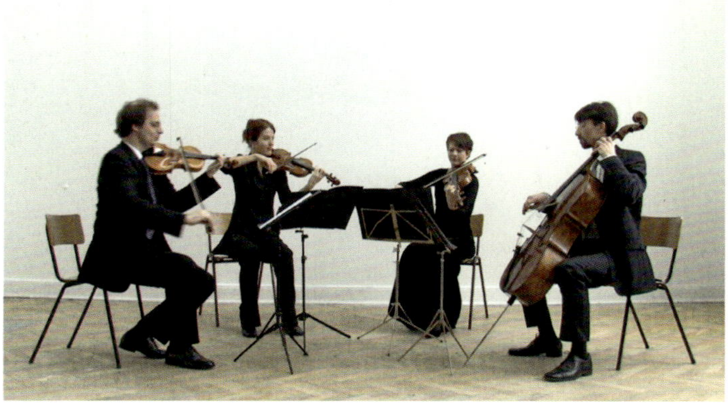

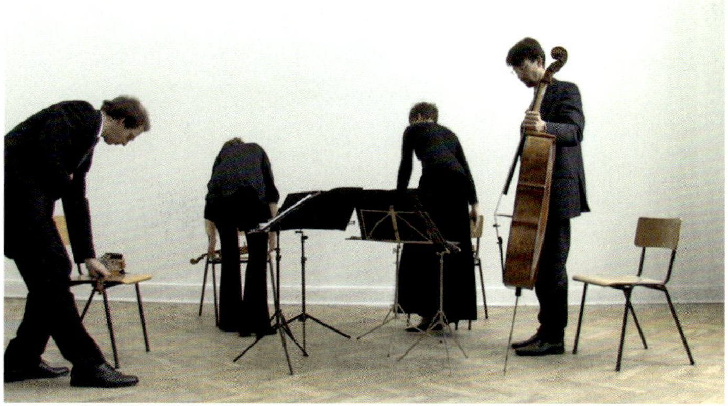

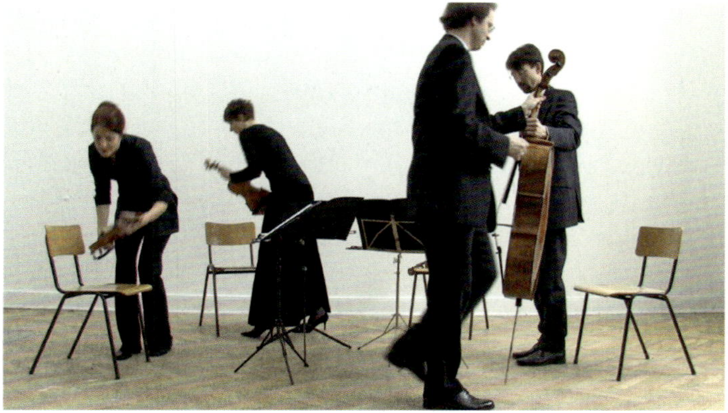

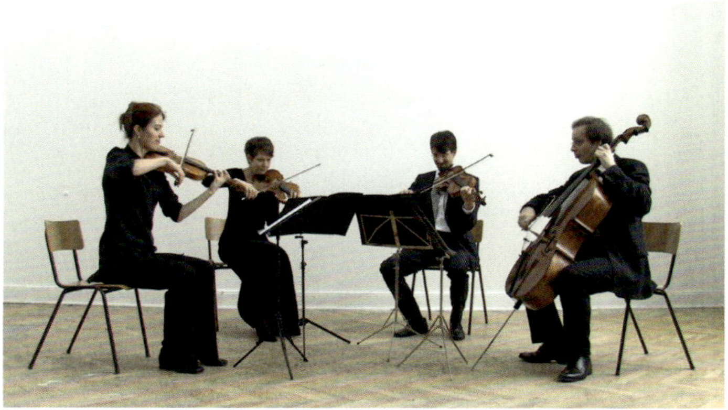

Steve McQueen (*1969)
Deadpan, 1997

16 mm Filmprojektion übertragen auf Video, schwarz-weiß, ohne Ton, 4'35"
Courtesy the artist and Marian Goodman Gallery, New York

Deadpan, so der Titel des 1997 entstandenen Werks von Steve McQueen, bedeutet im Deutschen so viel wie „Pokerface" oder auch „unbewegt, ausdruckslos". Steve McQueen zitiert hier eine berühmte Szene aus dem Film *Steamboat Bill, Jr.* (1928), in welcher Buster Keaton mit dem Rücken vor einem zusammenbrechenden Haus steht. Die Front des Hauses fällt auf ihn, doch unberührt von dem Chaos um ihn herum und gleichsam beschützt durch seine Naivität und Unschuld kann ihm dies nichts anhaben: Die Fensteröffnung der Hausfront bewahrt ihn in wundersamer Weise davor, von der Fassade begraben oder auch nur berührt zu werden. Aus verschiedenen Blickwinkeln gedreht, ist nun Steve McQueen die Hauptfigur eines Dramas, in dem die Welt in die Brüche geht, während der Mensch gleichermaßen heldenhaft-gelassen wie ahnungslos-stoisch Kenntnis von diesem Scheitern nimmt. (BK)

The term *Deadpan* – the title of Steve McQueen's 1997 film – is used to describe a deliberately blank, impassive manner of expression; here it refers specifically to a famous scene in the silent movie *Steamboat Bill, Jr.* (1928), where Buster Keaton is standing with his back to a house when the building front suddenly collapses all around him. He emerges unscathed, however, unperturbed by the surrounding chaos and protected, as it were, by his naivety and innocence: a window opening has miraculously saved him from being injured or buried by the falling wall. In McQueen's piece, the protagonist is filmed from different angles. The artist himself plays the central role in a drama where the world collapses and man registers this fact with heroic calm and unsuspecting stoicism. (BK)

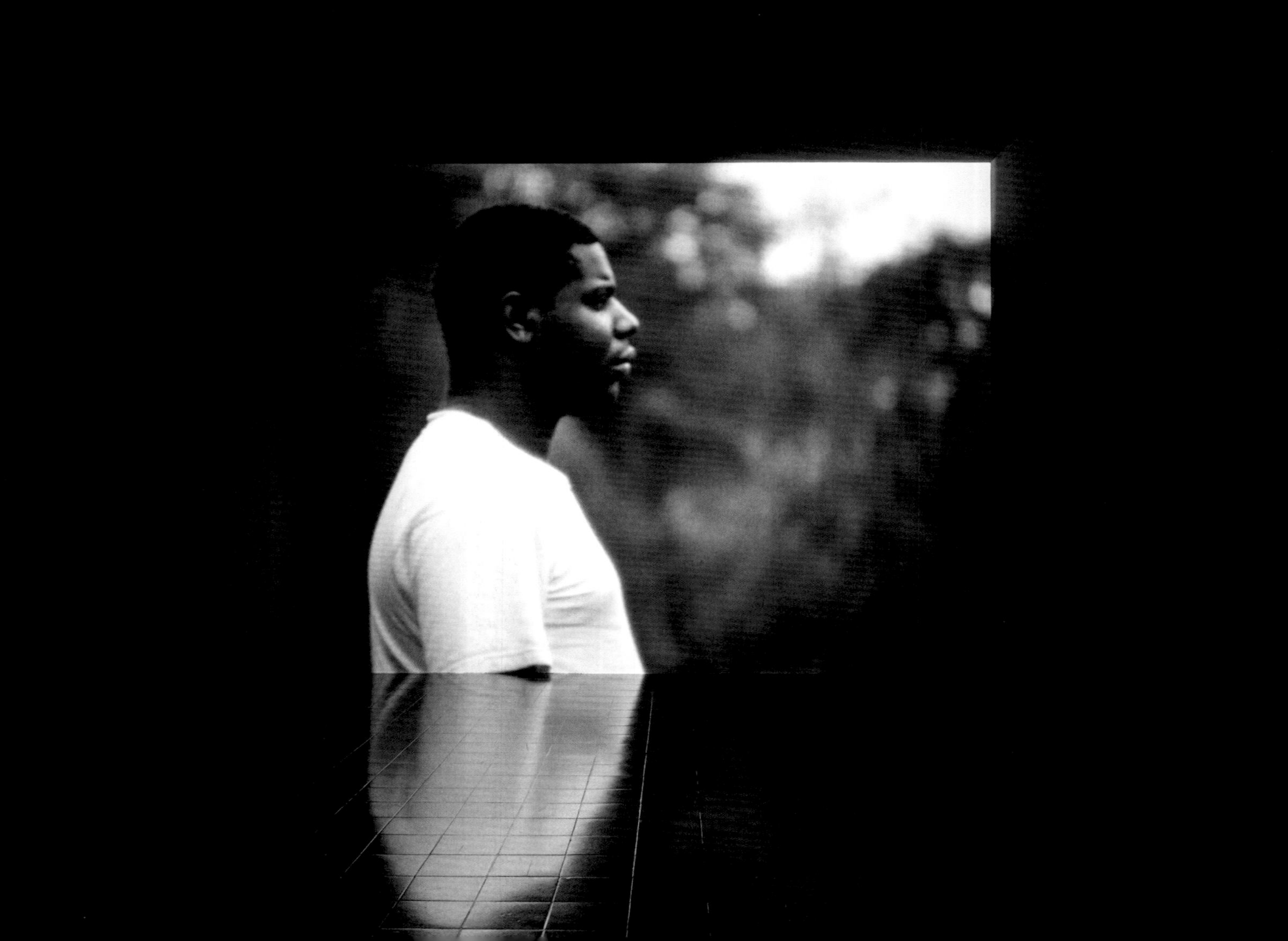

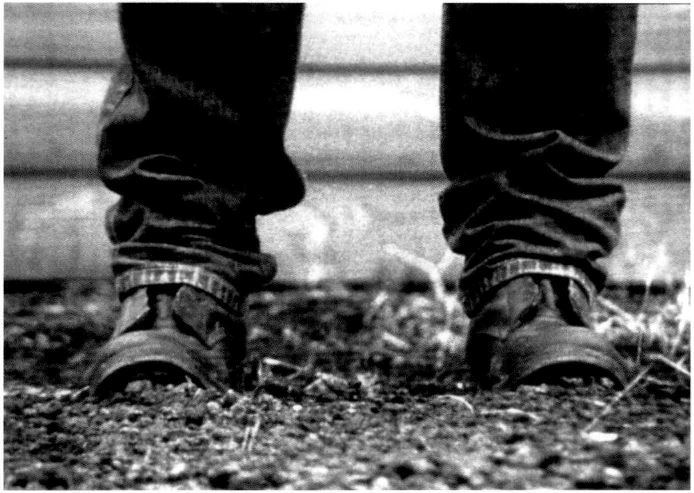

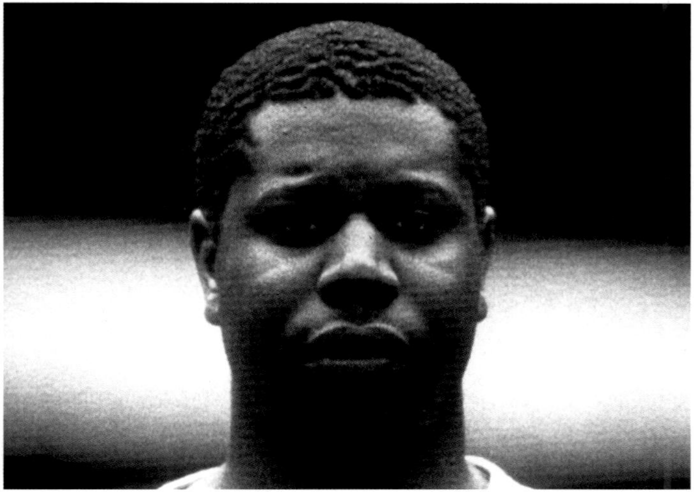

Bruce Nauman (*1941)
***Anthro/Socio (Rinde Spinning)*, 1992**

6-Kanal-Videoinstallation
(3 Videoprojektoren, 6 Monitore), Farbe, Ton, 27'43"
Hamburger Kunsthalle

Von verstörender Komplexität sind die Sinneseindrücke, die in Bruce Naumans Videoinstallation *Anthro/Socio (Rinde Spinning)* auf den Betrachter einströmen. Auf drei Bildschirmen und sechs Monitoren sehen wir den um die eigene Achse kreisenden Kopf des Performance-Künstlers Rinde Eckert. Entsprechend der kreisenden Bewegung des Kopfes im *close up* verschränken sich wie in einer Endlosschleife die den Betrachter konfrontierenden Sätze „Feed me/ Eat me/ Anthropology", „Help me/ Hurt me/ Sociology" und „Feed me/ Help me/ Hurt me". Die Ausrufe fordern – mit allen Abgründigkeiten, die dies implizieren mag – eine Interaktion zwischen Akteur und Betrachter ein. Doch ebenso wenig wie das Publikum sein Gegenüber fixieren kann, das sich durch die Vielzahl von Projektionen gleichsam aufspaltet und unsere Aufmerksamkeit von verschiedenen Seiten in Beschlag nimmt, vermag Rinde Eckert in einen wirklichen Kontakt nach außen zu treten. Ohne Unterlass dreht er sich um sich selbst und seine Worte nehmen sich dementsprechend wie eine hoffnungslose Beschwörung aus. So unerreichbar die hier artikulierten Bedürfnisse auch sein mögen: Das Bemühen um deren Einlösung scheint niemals zu versiegen, ist vielmehr Movens für jeden neuen Anlauf. (JB)

Bruce Nauman's video installation *Anthro/Socio (Rinde Spinning)* bombards viewers with a disturbing mixture of overlapping sensory impressions. Three projection screens and six monitors show close-up images of performance artist Rinde Eckert's head rotating around its own axis. Echoing this spinning movement, a series of loud and insistent vocal demands are interwoven to form an unbroken loop: "Feed me / Eat me / Anthropology", "Help me / Hurt me / Sociology" and "Feed me / Help me / Hurt me". These demands would require some kind of interaction between the performer and the spectator, with all the subtle depths this may imply. However, just as we are unable to focus properly on Eckert due to the multiple projections that compete for our attention, he is equally unable to make any real contact with the outside world. Instead he constantly revolves around himself, with the result that his words sound like a hopeless invocation. Yet however impossible these demands may be, the desire to have them met never seems to wane, and this is what drives each new attempt. (JB)

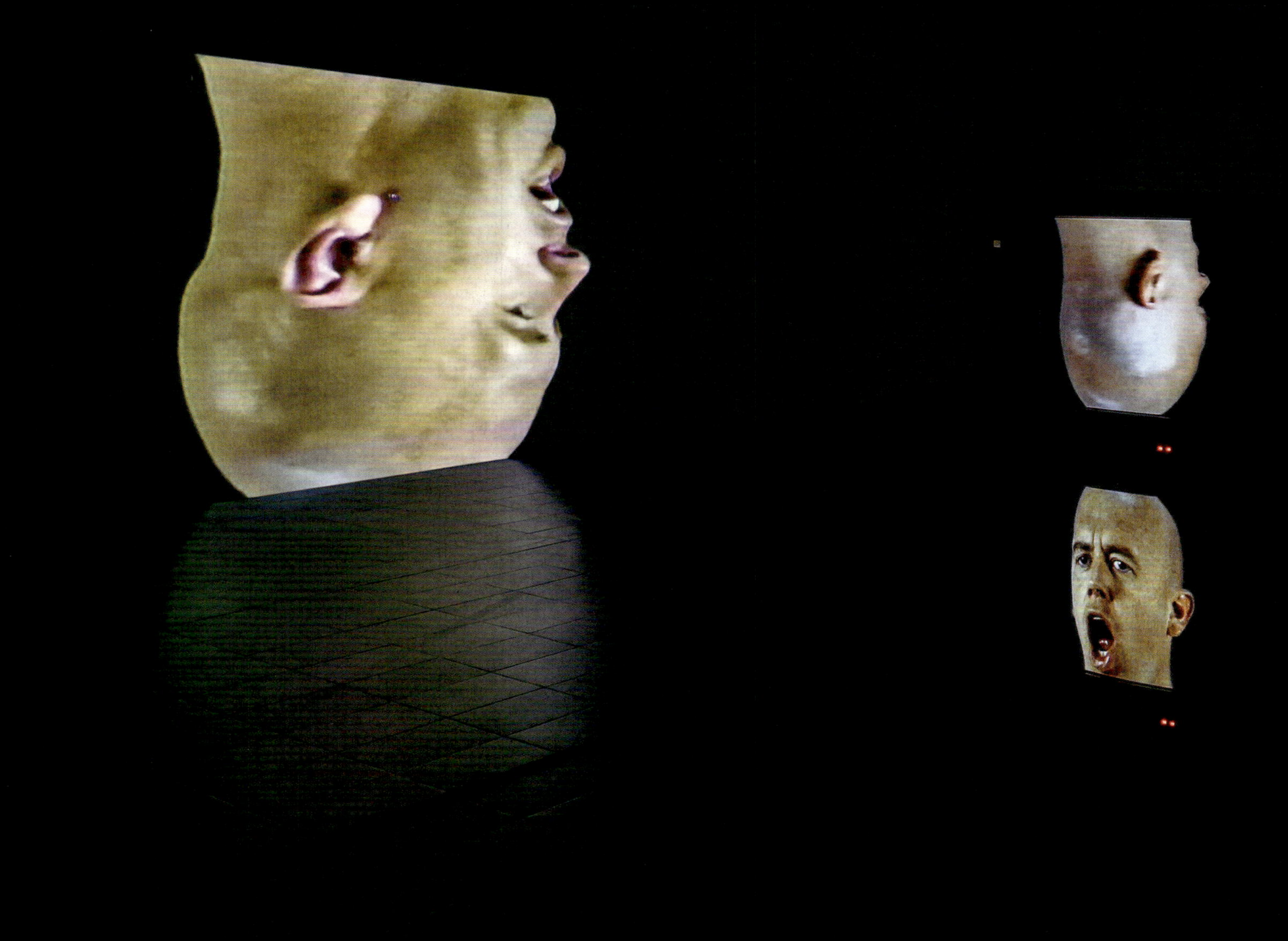

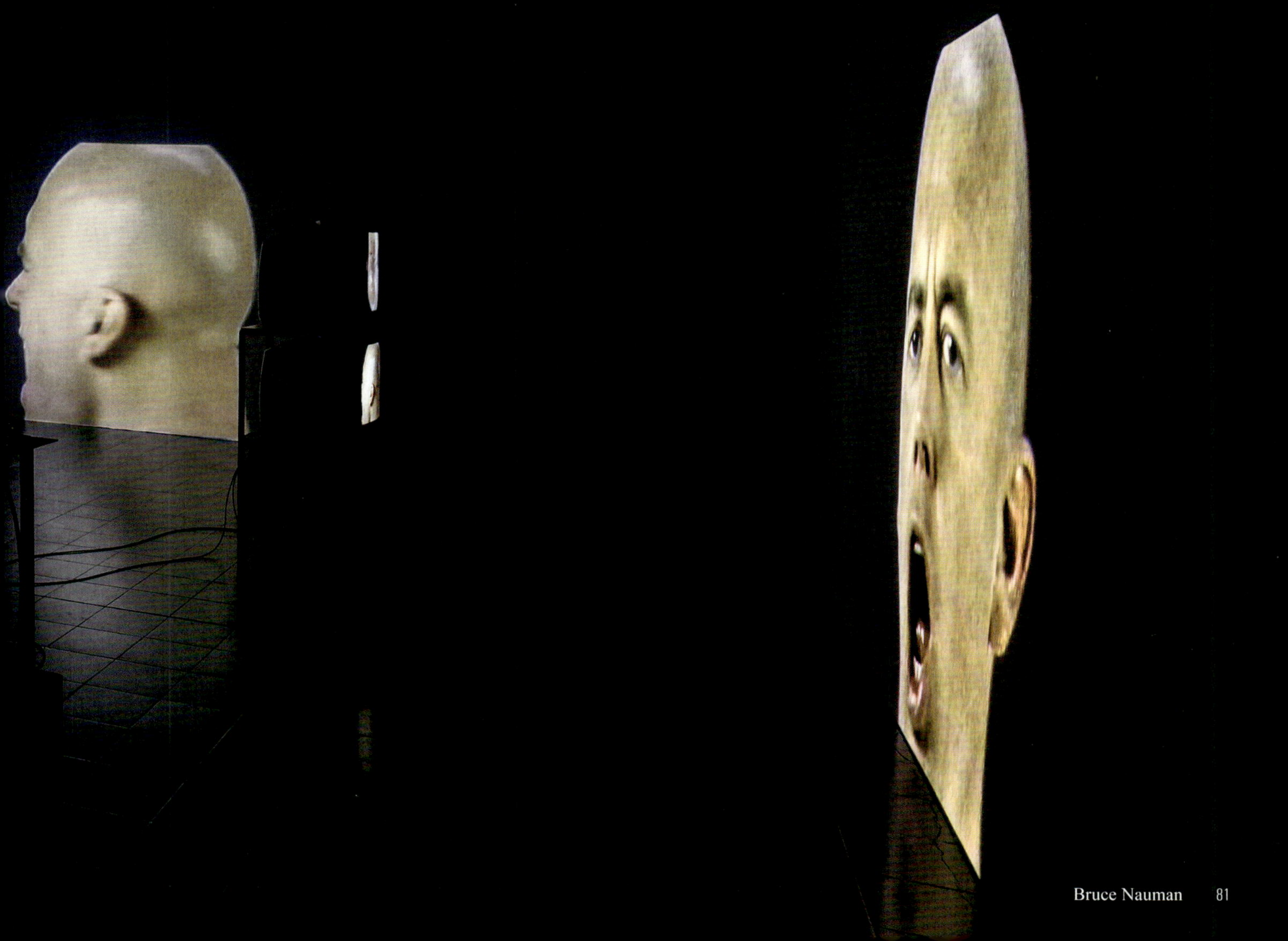

Bruce Nauman (*1941)
Slow Angle Walk (Beckett Walk), 1968

1-Kanal-Video, schwarz-weiß, Ton, 56′
Hamburger Kunsthalle

Von irritierender Gleichförmigkeit sind die umständlichen Bewegungen und Körperhaltungen, die Bruce Nauman in seiner Arbeit *Slow Angle Walk (Beckett Walk)* über eine Stunde vor laufender Kamera durchexerziert. Die Bewegungsabläufe wirken umso absurder, als sie – trotz der offensichtlich kraftraubenden Balanceleistung, die sie erfordern – auf kein spezifisches Ziel hin ausgerichtet sind. Als irritierender Faktor kommt hinzu, dass die Kamera, um neunzig Grad gewendet, den Künstler bei der Arbeit zu filmen scheint, eine senkrecht aufragende Wand empor- bzw. seitlich abzuschreiten. Naumans Choreographie versteht sich als eine Hommage an die ungelenken Gehbewegungen, mit denen Samuel Beckett seine Figuren Watt und Molloy ausstattete. Je länger man dem Künstler bei seinen Handlungen zusieht, desto offensichtlicher wird, dass er ein genau abgezirkeltes Feld auf- und abgeht. Seine Bemühungen erscheinen wie der Versuch, selbst noch innerhalb der Grenzen einer niemals zielführenden Beschäftigung Sinn in den darin aufgehobenen Handlungen zu suchen. (JB)

There is a curious uniformity to the elaborate movements and postures Bruce Nauman performs for over an hour in front of the camera in *Slow Angle Walk (Beckett Walk)*. This sequence of repeated body movements appears all the more absurd in that – despite requiring an obviously exhausting balancing act – it does not seem to have a specific objective. Another disconcerting element is the fact that the camera, which has been turned through ninety degrees, seems to be filming the artist walking up or along the vertical face of a wall. Nauman's choreography pays homage to the awkward gait chosen by Samuel Beckett for the characters Watt and Molloy in his novel Molloy. The longer one watches Nauman performing these actions, the more apparent it becomes that he is walking up and down within a precisely defined area. His efforts seem like the attempt to find meaning in actions that are performed within the framework of an inherently pointless undertaking. (JB)

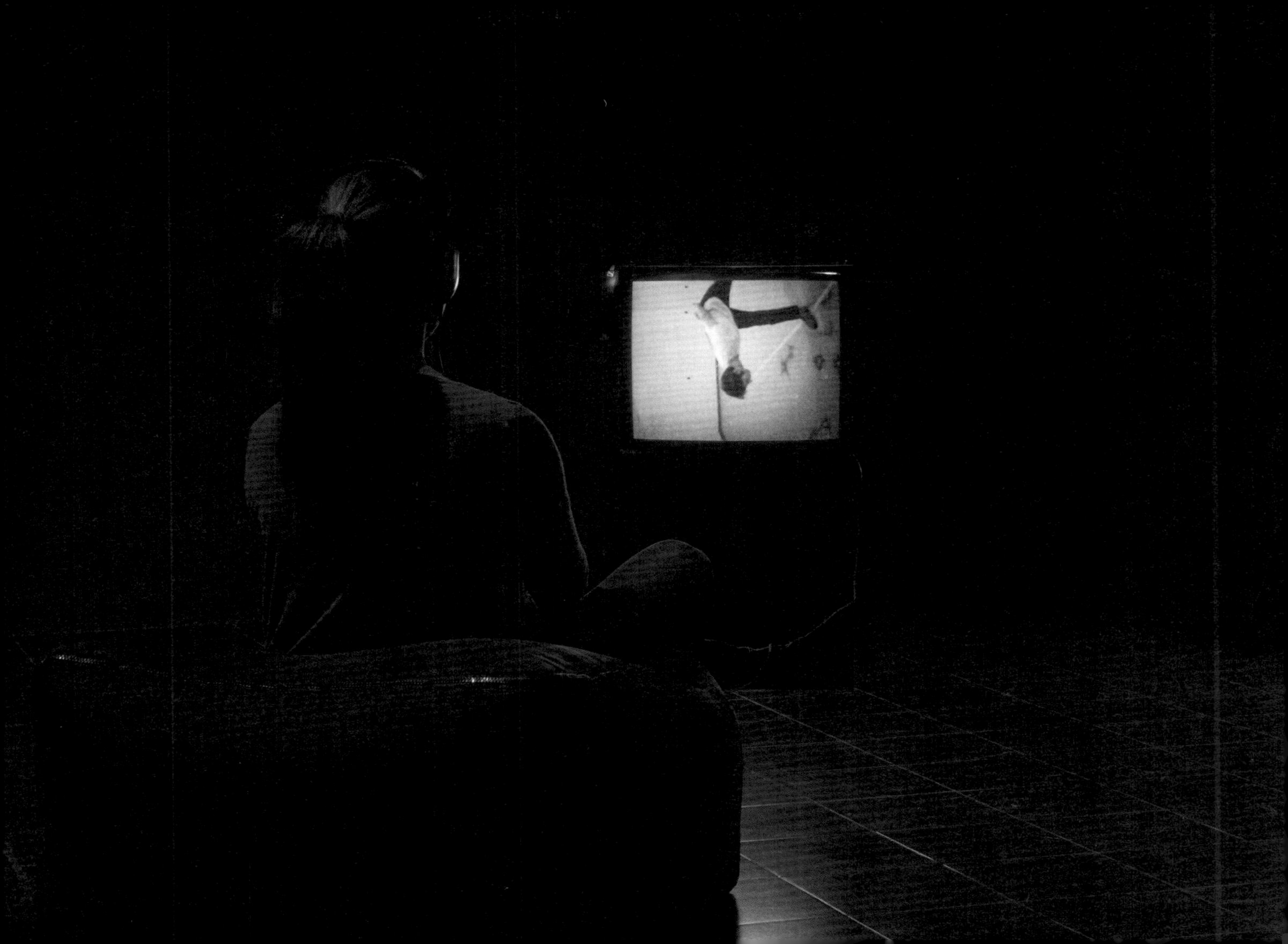

Christoph Schlingensief (1960–2010)
Siegfrieds Sturz, 1999

1-Kanal-Video, Farbe, Ton, 14"
Hamburger Kunsthalle

In einem ständigen Loop hält diese sehr kurze Filmsequenz den Sturz eines Schauspielers während der Proben zu Christoph Schlingensiefs *Die Berliner Republik oder der Ring in Afrika* fest. Die Bezeichnung als *Siegfrieds Sturz* lädt den Vorfall symbolisch auf, denn im selben Jahr begibt sich Schlingensief auf seine *Deutschlandsuche '99* und fahndet nach dem neuen Siegfried unseres Landes. Ebenso wie diese Suche „nach dem prototypischen deutschen Helden" wie ein aussichtsloses Unternehmen wirkt, geht auch dem Schauspieler bei dem hier gezeigten Unfall jeder heroische Glanz ab. Ungeduldig wartet man darauf, dass die im Loop gezeigte Filmaufzeichnung an irgendeinem Punkt zum Abschluss kommt. Sie mutet in ihrer steten Wiederholung jedoch vielmehr wie eine ersehnte Aussöhnung mit dem Moment des Scheiterns an. Nur ein Jahr später gründete Schlingensief mit *Chance 2000* seine eigene Partei, durch die das Motto „Scheitern als Chance" zur gängigen Redewendung avancierte. Das Projekt beschrieb Schlingensief mit den Worten: „Wo ich selbstbewusst mit Verlusten umgehe, bekomme ich neue Antennen, werde ich wacher. In diese Richtung definiert unser Projekt Reichtum um: Es ist das Wissen um den Verlust." (JB)

This very short film sequence, which is played on a continual loop, shows an actor falling down some stairs during rehearsals for Christoph Schlingensief's theatre production *Die Berliner Republik oder der Ring in Afrika.* The incident takes on a symbolic significance due to the title of the video piece – *Siegfrieds Sturz* (Siegfried's fall) – because in the same year Schlingensief also launched his project *Deutschlandsuche '99,* the attempt to find Germany's "new Siegfried". Just as this search "for the prototypical German hero" seems like a hopeless endeavour, the actor's fall likewise dispels any heroic aura he may have had. The viewer waits impatiently for the looped sequence to reach some kind of conclusion, but its constant repetition transforms it into a long-awaited reconciliation with the moment of failure. A year later, Schlingensief formed his own political party, *Chance 2000,* which led to the motto "Scheitern als Chance" (Failure as an opportunity) becoming a familiar phrase. He described the project as follows: "When I deal with losses confidently I get new antennae, I become more alert. As a step in this direction, our project redefines wealth: it is the awareness of what is lost." (JB)

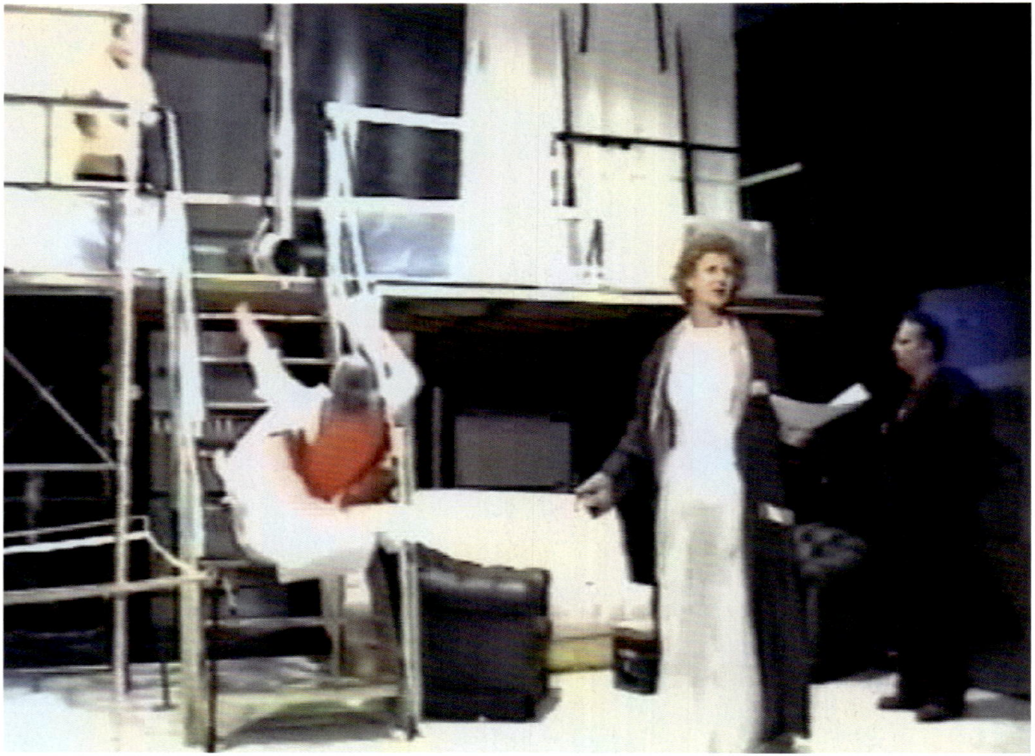

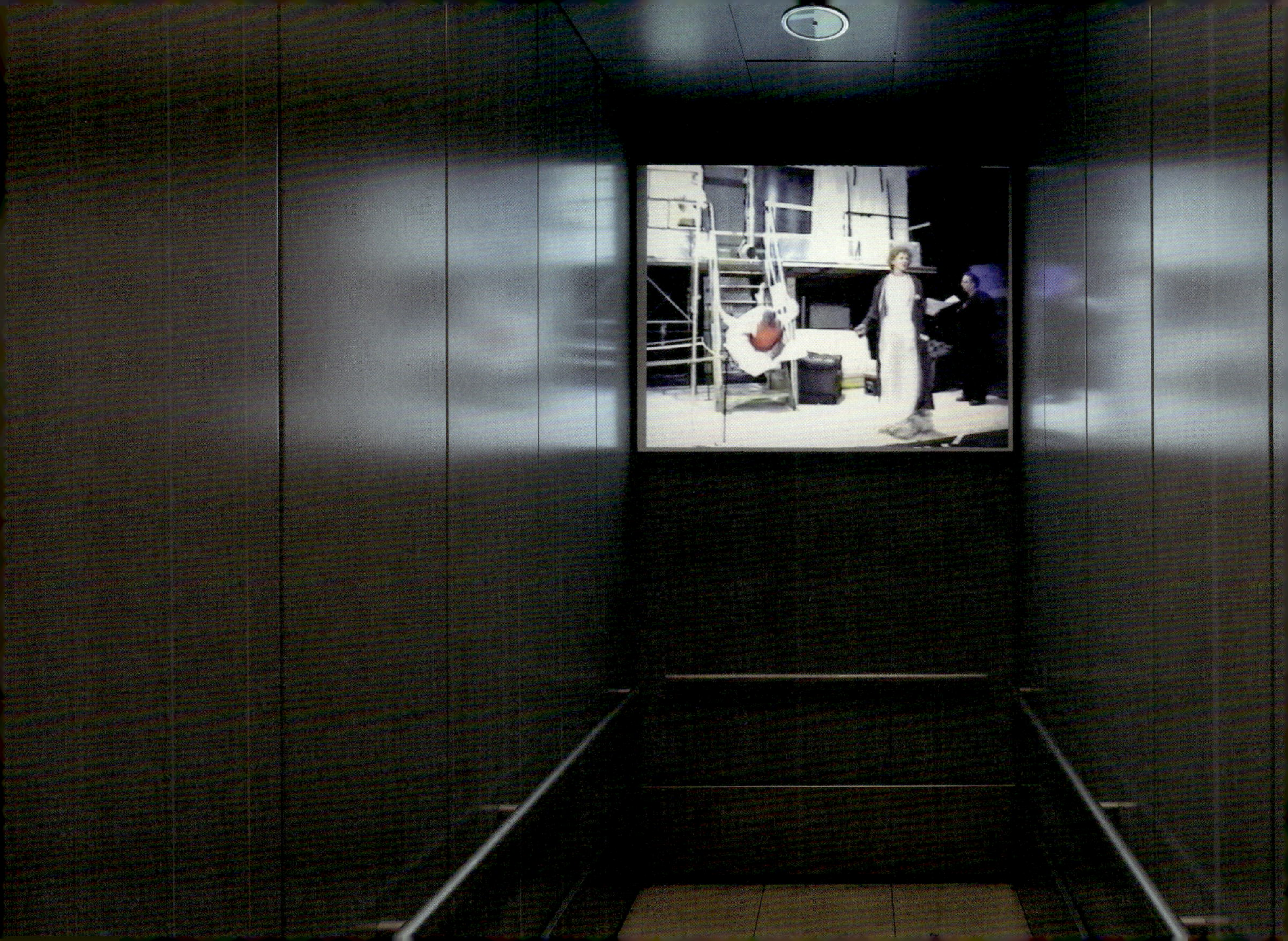

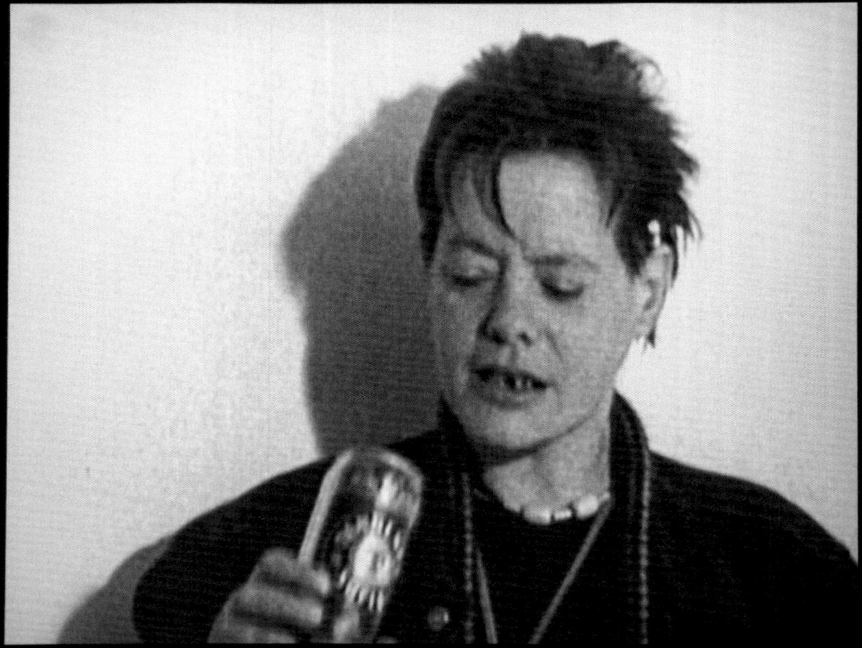

Gillian Wearing (*1963)
Prelude, 2000

1-Kanal-Video, schwarz-weiß, Ton, 3'57"
Hamburger Kunsthalle

Prelude gehört gemeinsam mit *Drunk* und *I Love You* zu einer Filmtrilogie, die sich dem Thema der Trunkenheit widmet. Während der Dreharbeiten zu *Drunk* kam Gillian Waering mit einer alkoholabhängigen Frau namens Lindsey in Kontakt. Noch bevor sie *Drunk* fertiggestellt hatte, erfuhr die Künstlerin vom Tod Lindseys, verursacht durch Leberzirrhose, so dass für deren Auftritt im Film *Prelude* auf bereits vorhandene Aufnahmen zurückgegriffen werden musste. Nicht von ungefähr erwecken die in Zeitlupe wiedergegebenen Aufnahmen von Lindsey den Eindruck als seien es Erinnerungsbilder. Die aus dem *Off* erklingende Stimme stammt von Lindseys Zwillingsschwester, die über die herzlose Trauerfeier, über die Lieblosigkeit der Mutter gegenüber Lindsey wie auch über ihren eigenen Schmerz als hinterbliebene Schwester berichtet. Der gesamte Film ist von einer melancholischen Stimmung getragen und setzt die Anstrengungen, die jeder Trauerarbeit zugrunde liegen, eindrucksvoll in Szene. Trotz des Verlustes bleibt der Schwester die Möglichkeit der Reflexion und der Erkenntnis über die Zusammenhänge in ihrer Familie, den Charakter ihrer Mutter und über das, was von Lindsey in ihrer Erinnerung lebendig bleiben wird. (JB)

Together with *Drunk* and *I Love You, Prelude* forms a trilogy of films by Gillian Wearing on the subject of drinking and alcoholism. While filming *Drunk,* Wearing got to know a street drinker called Lindsey, but before she had completed this piece, she learned that the woman had died of cirrhosis of the liver. This meant that in *Prelude* the artist was only able to use footage of Lindsey that she had already shot. It is not surprising, therefore, that these impressions of her, which are replayed in slow motion, already seem like memory images. They are accompanied by a voice-over spoken by Lindsey's twin sister, who describes the cold, heartless funeral, their mother's lack of affection for Lindsey and the grief she herself feels as the surviving sister. An air of melancholy pervades the piece, which vividly portrays the painful and laborious process of grieving. Despite her sense of loss, Lindsey's sister is able to reflect upon and gain insight into their family relationships, their mother's character, and what she will remember about her twin. (JB)

Fail Better

Brigitte Kölle

It is the year 1936. During his extended journey through Germany, and troubled by his lack of literary success, the thirty-year-old Samuel Beckett stopped off in Hamburg for some three months. He went to concerts, the theatre, visited the university and made contact with the local arts scene. The young writer from Dublin was particularly taken with the Hamburger Kunsthalle, visiting both its public collections and the museum depots all of eleven times. In his *German Diaries*, which were found and published after his death in 1989, Beckett praises the attractive building and the wonderful presentation of the artworks. Almost fifty years later the now internationally esteemed and elderly Beckett would write, in *Worstward Ho* (1983), the lines that became the inspiration and guideline for our presentation in the Hamburger Kunsthalle of *Fail better. Moving images*, with filmic works by seventeen artists from the 1960s to today:

All of old. Nothing else.
Ever tried. Ever failed. No matter.
Try again. Fail again. Fail better.

*

One of the main works in the collection of the Hamburger Kunsthalle is the painting *Sea of Ice* (1823/24), by Caspar David Friedrich. It shows an Arctic seascape with massively towering ice floes, under which parts of the stern and mast of a capsized sailing ship can be seen. For a long time this painting bore the title *Failed Hope*, because it had been mistaken for one of the painter's earlier works. It is an extremely interesting canvas, not least because the motivation for its creation may have come from several sources, be they the public interest in the early nineteenth-century North Pole exhibitions, the scientific and artistic interest in the portrayal of the crystalisation processes of water and ice, the artist's personal setbacks or even a childhood trauma (as a twelve-year-old Friedrich fell through the ice while skating; his younger brother didn't survive the accident). The historical background to the painting is the so-called *Vormärz*, that is the political situation in Germany after the Carlsbad Decrees of 1819, when the hopes for democratic civil rights and press freedom were shattered, giving way to an increasing icing-up and ossification of the political and social climate. Caspar David Friedrich's interpretation of the theme of shipwreck is undoubtedly an allegory of failure. The shipwreck has always been one of the two pivotal images of failure. In the German language the etymology of the word *scheitern* (to fail) lies in the noun *Scheit* (log), the usual expression for wood chopped into small pieces. The word *scheitern* was most commonly used to describe a shipwreck. A ship was said to be *gescheitert* if it ran to ground or was split on a rock. Only in the course of the seventeenth century did *scheitern* come to be used in the figurative sense for things breaking down, being unsuccessful, going awry ...

*

Aside from the shipwreck there is another big metaphor for failure: the image of falling. The shipwrecked Odysseus and the falling Icarus have symbolised failure since ancient times. The work (and life) of the artist Bas Jan Ader tells of these two major images of failure. Around 1970 he shot a series of 16-mm films in which he himself became the (falling) object of portrayal: he balances on the roof ridge of his house, loses his balance and falls; he rides his bicycle into an Amsterdam canal; he dangles from the branch of a tree – until he can no longer keep hold and gravity overwhelms him. The soberly objective observational style of these short black-and-white films is typical of the conceptual art of the 1970s, but their pithiness shouldn't deceive us about the existential dimension of Ader's work. The artist, who was intensely involved with literature and philosophy, associated falling with failure in remarks about his work, and pointed out the similarity between the verbs *to fall* and *to fail*.

Bas Jan Ader entitled his last large project *In search of the miraculous*, an allusion to the book of the same name by the Russian writer P. D. Ouspensky (1878–1947), who had been devoted for the whole of his life to the possibilities of experiencing the world and the self. Ader planned his yearningly romantic search for the miraculous as a trilogy. An exhibition in April 1975 at the Claire Copley Gallery in Los Angeles was to be followed by a second part, which for the Dutch artist, who had been living in California for many years, also represented a journey into his own past: Bas Jan Ader intended to sail alone from North America to Europe in an attempt to set the world record for a single-handed Atlantic crossing in a very small sailing boat. The trilogy would then be concluded with an exhibition in Groningen in the Netherlands. On 9 July 1975 Bas Jan Ader set sail in the Ocean Wave from Cape Cod, Massachusetts for Falmouth in the United Kingdom. The journey, calculated to last just under seventy days, which the experienced sailor Ader described as "a romantic, adventurous voyage across the Atlantic in a very small boat", was never completed. A year after his departure, Ader's boat was discovered off the Irish coast. There was no trace of the man himself.

*

Failure in art is something different from failure in life, and above all from failure to remain alive. When a failure occurs so radically and finally as with Bas Jan Ader, art and life come together in tragedy. Ader must have been aware of the dangers of his enterprise. Looking at photographs of his boat the Ocean Wave, one is reminded of a nutshell. Daring to journey across the wide open sea in defiance of the forces of nature borders on foolhardiness and delusions of grandeur, but Ader was full of confidence and trust. Yet perhaps he simply had no other choice, and was driven by his search for the miraculous.

In her 16 mm film *Disappearance at Sea* (1996), the English artist Tacita Dean is concerned with the great themes of yearning and loss, hubris and failure, which of course also dominated Bas Jan Ader's last artistic journey. Dean refers to Ader, and also to Donald Crowhurst (1932–1969), an Englishman whose attempt to sail around the world ended in delusion and desperation. Ader knew about the fate of his sailor colleague. After his death a book about the life and death of Donald Crowhurst entitled *The Strange Last Voyage of Donald Crowhurst* was found in a locker in the University of Los Angeles, where Ader had taught. Tacita Dean's magical images of the lamp turning inside a lighthouse create an atmosphere of expectation for a mysterious story that takes place at the end of the world, at an extremity between dry land and the endless vastness of the sea, at the transition between day and night.

*

Samuel Beckett, the above-quoted great man of failure, wrote in *Three Dialogues with Georges Duthuit (*1949): "To be an artist is to fail as no other dare fail." Beckett addresses two important aspects here: for one thing, that a certain portion of courage is the precondition for failure and the (artistic) preoccupation with failure; for another, that art and failure cannot be thought of separately. We don't like to speak about our own small or large failures, which we experience as painful or shameful. There is hardly a place for failure, defeat and things going amiss in today's society, which is animated and driven by success and progress. The American sociologist Richard Sennett has significantly even called failure the "great taboo of modernity". Stigmatised socially, failure enjoys a certain appreciation in art, however, as it implies that something – as Beckett put it – was *dared*, the usual paths abandoned, the accustomed boundaries crossed. Something new and different can only emerge if the increased risk of failure is taken on bord. This particularly applies to the creative, artistic fields and their aspiration to originality. Does deliberately entertaining the risk of failure mean that an open-ended process is preferred to the search for perfection in the sense of a masterpiece?

The video *Ruth Drawing Picasso* (2009), by the Dutch artist Rineke Dijkstra, takes up precisely this question. Ruth, a somewhat plump, sympathetic young girl in English school uniform tries to copy a painting by Pablo Picasso while sitting on the floor. The scratching sound of her pencil on the drawing pad and her concentrated effort cast an immediate spell. We can assume that Ruth's drawing (which we can't see) won't nearly come up to the mastery of its original (which we also can't see), but this is ultimately irrelevant. The only important thing is the act of trying, the doing, beyond all value judgements of good or bad, amateurish or masterful. Picasso once said that he had spent his whole life trying to paint like a child; so he didn't see mastery as the result of a long process of working and learning, but on the contrary as the successful attempt to leave behind everything known, everything tried and tested.

*

A wonderful performance by the artist Francis Alÿs in 1997 bears the (equally wonderful) title *Sometimes making something leads to nothing.* In this piece Francis Alÿs demonstrates the paradox of human will and action by pushing a large block of ice through the streets of Mexico City for nine hours until nothing is left of it. It is a radical, but in no way despairing look at the futility of human effort, a viewpoint that also characterises Alÿs's multipart film installation *Rehearsal I* (1999–2004). Here we see a red VW beetle, accompanied by a wind band rehearsing a danzón, vainly trying to reach the top of a hill at the edge of the town of Tijuana on the American border. When the musicians stop playing the beetle rolls back down the slope, only to make another attempt a short time later when the music begins again. The moment of accomplishment is cancelled out in an oscillating up-and-down. Alÿs paints the picture, as it were, of a modern motorised Sisyphus. You will recall that Sisyphus was trapped in a *circulus vitiosus* of eternal repetition, being compelled to push a heavy stone up a slope, from which it always rolled back down. But the story of Sisyphus doesn't only tell of punishment, futility and failure, but also of freedom and self-assertion – and the dignity which lies in the affirmation of the absurd and of potential failure. As Albert Camus boldly claimed in his book *The Myth of Sisyphus* (1942): "The struggle itself towards the heights is enough to fill a man's heart. One must image Sisyphus happy."

*

In filmic works such as *Deadpan* (1997) or *The way things go* (1987) – the latter a magnificent chain of explosions, implosions, collapses and chemical reactions in which every event is the surprising start of a new one – artists like Steve McQueen or the Swiss duo Peter Fischli and David Weiss tell of a stoically borne failure, freed from fear and even enjoyable. With reference to Buster Keaton and Charlie Chaplin, one could say there is no stair that can't be fallen up or down, no chair that can't be tripped over, no wall that won't collapse ... everything always goes wrong. But who actually decides what is failure and what is success? In art it is the loser who has the last word, the weak who are never defeated. Powerlessness becomes dynamite. Vulnerability leads to immunity. Incompetence is transformed into self-assertion. Absurdity is celebrated.

What does art teach us? Following Albert Camus, we could try to imagine ourselves as happy in our failure – for as long as failure contains the possibility of a repetition, of a new beginning. Or as Samuel Beckett both challengingly and encouragingly puts it: "Try again. Fail again. Fail better."

Omnipotence and Naivety
On Failure

Wilhelm Genazino

In a waiting room a child said to his mother: I'm bored! The mother gave the child her sunglasses. The child put them on, looked around a few times and once again declared: Mum, I'm bored. The mother took her nail kit out of her bag and handed it to the child. The child opened the case, a pair of tweezers and a nail file fell to the floor and the child once again said: I'm bored. The mother offered nothing more. The child whined, squashed his face against a leather armchair and repeatedly told the people in the waiting room: I'm bored! To underline his distress he dribbled a little spit onto the floor (what a wonderful portrayal of boredom!) and wrapped a few carpet fringes around his little finger.

Seeing the child fail was moving, and at the same time quite meaningless. Children (and animals) fail without becoming ill-natured. Their guiding principle is the unproblematic repetition. They do everything again and again and again. We can rarely act successfully as children. A child's activity either breaks down of its own accord or is (more often) ended by adults. This gives rise to a gradual practice in failure that we should actually hope to have available to us in our adult lives too. But then it turns out that despite our long practice time we haven't been able to learn how to fail with equanimity. The adult, a person with a memory, consciousness and biography, can barely forget a single failure. On the contrary, he makes almost every single one into an abiding inner event. On the one hand, failure is apparently part of life (we arduously learn the lesson); on the other, too much of it is perilous. But where is the boundary between the one and the other? We must fear the darkness of this dividing line, for we know that every new failure can lead to a denial of our ego. This denial is all the more terrible because we ourselves bring it about. It makes us temporarily invalid. We don't understand our failure (we didn't lack the will to prevent it), can't accept it and are already living with it. The worst thing about this is perhaps that we can't express and can't communicate our failure; no, worse is that we even hide it from ourselves. We now live in an "inner pogrom" (Witold Gombrowicz) – for as long as the echo of failure has us in its grip. During this time of waiting we become our own laboratory animal.

Many things in our lives can't be repeated endlessly. We are only permitted to take our driving test two or three times. An exam also twice, at the most three times. We may have a try at marriage four or five times, but our lives aren't long enough for more. In many disciplines it is forbidden to fail even once. But we still fail, feeling ourselves as failures from then on and yet not calling ourselves this; who wants to stigmatise himself? Unless we have become famous as failures and can chat in public about our misfortune.

Among these few, who repeatedly (and considerably) fail and then deal with their lot subsequently (in the form of images, films, books), are the artists. Their work makes failure into a category of general thought. Through these gym leaders of failure, futility is humanly ennobled and becomes understandable at the same time. In the love for an artist's failed biography (for example) lies the recognition of the paradox that only an impossible life could have brought forth the beloved work. Many artists succeed in making a splendid originality out of their misfortune. They tell of their failure as if of brilliantly rehearsed circus numbers. With the help of these virtuosic achievements at least a few other people can contemplate, if not speak about, their silent failure – and distance themselves (little by little, tentatively and temporarily) from their fate. In this way even works that are difficult to digest have a profound social dimension, which in turn is disavowed by many. In this disavowal there is an act of bludgeoning one's own experience of failure.

Hasn't human failure always been the subject matter of all the arts? Samuel Beckett coined the influential phrase: "To be an artist is to fail, as no other dare fail." His sentence strikes at the heart of the problem in as much as artists often spend their whole lives in proximity to failure. In other words, the artist can't stop failing. If the artist were a normal person, we could say to him: "Please stop writing now. Four novels from you are enough!" However, the artist isn't a normal person (capable of learning) but an incorrigible narcissist who deems his stubbornness his best advisor. Theodor W. Adorno made Beckett's phrase (and many others) into an aesthetic of failure. With him failure becomes the mark of a 'successful' artwork. The "false life" (Adorno) can no longer bring forth a naively beautiful work of art as before; this is why modern artworks can only preserve their authenticity in failure and nonetheless maintain their old artistic ambition.

Through this reinterpretation failure loses everything depressing and devastating. It becomes a mark of recognition and a sign of quality. This admittedly turns the raw body of failure on its head and neutralises it aesthetically. Adorno's cunning use of the term was misunderstood by many authors during the 1970s and 80s. Many works from that time now read as if their writers were only concerned with having their texts fail as smartly as possible, along with their protagonists, in order to find a place within Adorno's esteemed perspective. And whether Beckett was (is) the right guiding figure of an aesthetics of failure is a matter of question. For although he left behind a precise sentence about failure, he can hardly be numbered among the failed; he was able to work, highly honoured throughout the world, until shortly before his death. Of course there is a difference between an artist compelled to give up because of the drying-up of his talent, having to stay behind in his failure without an echo, and one who (like Beckett), although aesthetically concerned with the subject of failure, remains productive to almost the last day of his life. This is why Beckett in particular shouldn't be made into an icon of successful failure.

Back to life! Real failure may be ordinary, because it's so humiliatingly part of everyday life, but it also profoundly intervenes in human perception because it literally makes everything, even the banal, significant. For most people it is unacceptable for pain to arise from a repeated simple everyday activity. It is precisely this stumbling and its inappropriateness to our lived routine that causes us to marvel at creation. We hadn't realised that so much could go wrong; that so many trifling actions need to be repeated so often, until they finally succeed; that innocence contains such perils.

At this point the praise of failure must finally commence. For every failure that throws us temporarily off course takes us into an inner waiting in which we aren't only appalled but also – begin to think. When we fail we look back, and if we look back we ponder. In failure the biographical becomes reflective; a coherent narrative is gradually evolved, an inner perspective, a no longer discontinuous consideration of meaning. In short, identity is formed. Through the momentary (or longer) lack of success, confidence or energy we counter the prevailing obsession with happiness. And we draw attention to the fact that there is also a dignity in failure. In wrestling with our failures we imagine ourselves into a different self and suddenly know: I can't have another car accident; I can't marry the wrong woman a third time; there's no way I'm going to lose even more money in shares.

Karl Valentin once recommended learning foreign languages wrong from the start: as we're anyway never going to be able to speak them completely correctly, we'd safe ourselves a lot of bother! His suggestion is of course a wonderful joke, but it's much more than a joke: it's an indication of the fact that one way or another we have to live in a world that is failing on a grand scale, and in which the aim can't be to build up a small non-failing life. I unfortunately took a long time to see that all in all my many small, medium and a few large defeats had had a beneficial effect on my life. What I mean is that it took me a while to see that we are beings capable of building up a life gradually, of "directed effort" (Dieter Henrich). We are able to hold a biographical plan in abeyance for a while, if it can't be continued at the moment (because it has just failed), and resume it later. During this interruption we have the opportunity to take a look at both our omnipotence and our naivety. For both omnipotence and naivety urge us forward. On Monday we want to be able to do everything at last; on Tuesday rather not. Perhaps even worse than our own failure is having to watch a good friend fail. Then we have to acknowledge that people who are failing are entirely on the wrong track. We can give them neither advice nor help. We stand on the sidelines and see quite clearly that things are going wrong, but it is our duty to keep our mouths shut. People who fail are quite inwardly alone. We can't even confess afterwards that we saw it coming. This would make us into a smart alec, and our friend would never forgive us. But still, what I didn't understand about my failures has brought forth an inner text that I wouldn't want to live without today. I was never able to imagine anything more puzzling than what happened to me. My thinking wasn't up to the strangeness of experience; and anyway it always came too late. But these very shortcomings are also its advantages. To understand this better we should plan (possible, probable) failure into our lives from the outset. Why is it actually so difficult to – let's say – make a personal plan for failure? Like this, perhaps: given my past susceptibility to failure, and in terms of my not very ingenious plan of action and my not exactly unbridled energy, I expect a failure quotient of forty percent for this year. This advance insight might persuade me not to want to realise certain intentions. And so we'd already have our failure better in hand, I hope. A failure plan might also prevent us from becoming a person who has to spend his entire life settling up with something because a particular failure has made him into a compulsive talker. We could then forget the odd failure, because we would know that the next one is in store for us next month, and we'll need all our energies for it.

again and again and again – *Buster Keaton & Charlie Chaplin in the endless loop of failure*

Merle Radtke

In his work *Deadpan* (2009), the British artist Steve McQueen quotes one of the most famous stunts by the American silent-film star Buster Keaton. In *Steamboat Bill, Jr.* (1928) Keaton plays a naive, awkward young man who is utterly unable to live up to the image of his father – an old, grumpy steamship captain. During a storm the facade of a house crashes down onto the blundering youth, and it is a matter of pure luck that he is standing in exactly the place where there is a gable window, so that he comes to no harm. While Keaton is subsequently confronted by similar, although less drastic situations, such as walking through a falling door, and is several times on the point of entering buildings that collapse in the next moment, the viewer of McQueen's work is repeatedly confronted with the same collapsing house front. For *Deadpan* the artist took on Keaton's role and filmed the scene from different camera angles, so that he is seen in the individual sequences from the front, in profile or semi-profile, in close-up or medium shot. McQueen seems statue-like in his immobility. The silent repetition makes the scene increasingly oppressive for the viewer; in McQueen's re-enactment Keaton's slapstick loses its lightness, the figure its naivety.

But it is not only this quotation, in a work whose title refers to Buster Keaton's 'frozen face', that recalls the stars of the silent classics of the 1920s and 30s; the theme of failure, or better failure, in film and video also evokes images of the sympathetic anti-heroes portrayed by Charlie Chaplin and Buster Keaton – Chaplin's creation the childlike figure of the Tramp, and Keaton's the clumsy young man, the maladroit dimwit who initially tries in vain to convince his beloved of his qualities, before rising above himself when faced with a crisis. Both figures have a particular talent for continually getting into false situations. In *Modern Times* (1936) Chaplin inadvertently becomes the leader of a group of protesting workers after picking up a flag that has fallen from a truck. He ends up in prison, where, high on cocaine, he prevents an breakout, which results in a very pleasant incarceration. When he is pardoned he makes every effort to get himself rearrested, but without success. Only when he has come to value his freedom does he have to return to prison, when two former fellow inmates break into the warehouse where Chaplin works as a night guard and he loses control of the situation. In *The Cameraman* (1928), on the other hand, Keaton gets into spectacular car chases, a Chinese gang war and continual altercations with the police in an attempt to assert himself against his filming colleagues. These chains of events remind us of *Lauf der Dinge* [The way things go] (1987), by Peter Fischli and David Weiss, and give the impression that the protagonists' lives could go on like this for ever. They repeatedly fail, but their actions are characterised by naivety and innocence, by a certain lightness. As with children, failure seems insignificant; they begin again and again – tirelessly and full of confidence. These characters stoically confront their surroundings but seem immune to the achievement-oriented demands of society.

Their simplemindedness gets them into tricky situations, but it also protects them from worse. Because he is blindfolded, the tramp in the roller-skating scene in *Modern Times* doesn't know that with every round he only just misses plummeting into the depths due to a missing railing. "The roller-skate dance becomes an existential symbol of the tramp, who continually and unknowingly endangers himself; who is compelled to live on the breadline, yet never doubts the facts of his existence because he simply blanks them out – an existence without a steady basis, in which instability is not seen as insufficiency, because it is always in motion."[1]

In these silent films, which exemplify others by Chaplin and Keaton, the protagonists fail in everyday occurrences: they stumble, trip up, fall down. The slapstick is marked by the sum and rhythm of adversity, and stylises Chaplin and Keaton into personifications of failure. Yet the protagonists retain their dignity despite their slip-ups – after a fall, the tramp adjusts his shabby jacket, reaches for his walking stick and walks away with his head held high. It is their anti-hero existence that allows failure, in contrast to the heroes, for whom failure usually represents an irrevocable turnaround. Christoph Schlingensief also uses falling as a metaphor for failure. His film *Siegfrieds Sturz* [The Fall of Siegfried] (1999) shows an actor falling down some stairs during a rehearsal. The film dethrones one of the great heroes of cultural history. Looping the fourteen-second sequence creates an continual repetition of the unchanging scene. In her introduction to the book *Failure. Documents of Contemporary Art*, Lisa Le Feuvre writes: "In an art context such repetition has the potential to pass through the threshold of tedium and even slip into slapstick."[2] Depending on how it is presented in film, failure is sometimes funny, sometimes tragic, sometimes brutal – when the viewer sees the actor in *Siegfrieds Sturz* endlessly falling down the steps, for example, or the continually collapsing house front in the work by Steve McQueen. It is this ambivalence of failure that makes it so complex.

With respect to slapstick, Jörg Heiser asks: "Why is it funny, even after a thousand times? One reason, of course, is the pleasure we take in other people's misfortunes. Another is the opposite emotion of empathy, and a feeling of solidarity in the moment of adversity. Slapstick as a faltering of smooth procedures, as an absurd hiccup in everyday and world events that illuminates the truth about us and our relationship to one another."[3] Heiser's answer describes the essential aspects of the anti-hero, such as the break with the possibility of escapism and the reactions that this type of figure generates in the viewer: sympathy, keeping our fingers crossed. In their weakness, anti-heroes have something touching. The same feeling is aroused by the red VW beetle in *Ensayo I, Tijuana, México* (2001), by Francis Alÿs, which constantly attempts to drive up a slope but never reaches the summit and repeatedly rolls back down. Yet it starts again without hesitation, similarly to the protagonists of the silent films, who are unhindered by doubt in their constant efforts. Thomas Koebner remarks on the figure of the tramp: "It is astonishing, and cannot be acknowledged too highly, that his clumsiness doesn't cause him the slightest lasting annoyance."[4] Although it seems almost absurd after all the tramp's experiences in *Modern Times*, when the orphan girl asks "What's the use of trying?", he replies, "Buck up – never say die."

[1] Translated from Susanne Marshall, 'Tänzer – Turner – Träumer. Charlie Chaplin und Buster Keaton', Thomas Koebner, Fabienne Liptay (eds.), *Film-Konzepte 2. Chaplin – Keaton. Verlierer und Gewinner der Moderne*, Munich 2006, 52.
[2] Lisa Le Feuvre, 'Introduction. Strive to Fail', Lisa Le Feuvre (ed.), *Failure. Documents of Contemporary Art*, London 2010, 17.
[3] Translated from Jörg Heiser, 'Pathos gegen Lächerlichkeit. Kunst mit Slapstick', Jörg Heiser (ed.), *Plötzlich diese Übersicht. Was gute zeitgenössische Kunst ausmacht*, Berlin 2007, 18f.
[4] Translated from Thomas Koebner, 'Vom Kunststück des Überlebens. Vermischte Beobachtungen zu den Filmen von Chaplin und Keaton', Thomas Koebner, Fabienne Liptay (eds.), *Film-Konzepte 2. Chaplin – Keaton. Verlierer und Gewinner der Moderne*, Munich 2006, 11.

Diese Publikation erscheint anlässlich der Ausstellung *Besser scheitern. Film + Video* in der Hamburger Kunsthalle, 1. März bis 11. August 2013. / This catalogue is published on the occasion of the exhibition *Fail better. Moving images* at the Hamburger Kunsthalle, March 1 to August 11, 2013.

HAMBURGER KUNSTHALLE
Glockengießerwall, 20095 Hamburg,
Deutschland / Germany
www.hamburger-kunsthalle.de

HAMBURGER
KUNSTHALLE

Direktor / Director: Hubertus Gaßner
Geschäftsführer / Managing Director:
Stefan Brandt

AUSSTELLUNG / EXHIBITION
Kuratorin / Curator: Brigitte Kölle
Assistenz / Assistance: Jonas Beyer,
Merle Radtke
Medientechnik / Media technology:
Tobias Boner
Assistenz / Assistance: Andreas Krüger
Registrar: Anne Barz
Kommunikation / Communication:
Jan Metzler, Mira Forte, Martina Geschwilm
Bildung und Vermittlung / Educational services: Elke Schneider + Team
Veranstaltungen / Events: Susanne Schatz
Fundraising: Anuschka Lichtenhahn
Technische Leitung / Technical execution:
Ralf Suerbaum
Museumsshop / Museum shop:
Meike Cattarius

PUBLIKATION / PUBLICATION
Herausgeber / Editors:
Hubertus Gaßner, Brigitte Kölle
Redaktion / Editing:
Brigitte Kölle, Merle Radtke
Texte / Texts: Wilhelm Genazino,
Brigitte Kölle, Merle Radtke
Werktexte / Short texts: Jonas Beyer (JB),
Brigitte Kölle (BK)
Übersetzung / Translation: Jacqueline Todd (Werktexte / Short texts), Michael Turnbull
Gestaltung / Design: Adeline Morlon
Druck / Printing: DZA Druckerei
zu Altenburg GmbH

Cover: Bas Jan Ader, *Fall 2, Amsterdam* 1970
(Dokumentation / Documentation)

Die Publikation wurde ermöglicht durch die großzügige Unterstützung von /
The publication is made possible by the generous support of

FREUNDE DER
KUNSTHALLE

Erschienen im / Published by
Verlag der Buchhandlung Walther König
Ehrenstr. 4, 50672 Köln
Tel. +49 (0) 221 / 20 59 6-53
Fax +49 (0) 221 / 20596-60
verlag@buchhandlung-walther-koenig.de

Bibliografische Information der Deutschen Nationalbibliothek
Die Deutsche Nationalbibliothek verzeichnet diese Publikation in der Deutschen Nationalbibliografie; detaillierte bibliografische Daten sind über http://dnb.d-nb.de abrufbar.

Bibliographic information published by the Deutsche Nationalbibliothek
The Deutsche Nationalbibliothek lists this publication in the Deutsche Nationalbibliografie; detailed bibliographic data are available in the Internet at http://dnb.d-nb.de.

Printed in Germany

Vertrieb / Distribution: Schweiz / Switzerland
AVA Verlagsauslieferungen AG Centralweg 16
CH-8910 Affoltern a.A.
Tel. +41 (44) 762 42 60
Fax +41 (44) 762 42 10
verlagsservice@ava.ch

Großbritannien & Irland / UK & Ireland
Cornerhouse Publications 70 Oxford Street
GB-Manchester M1 5NH Fon +44 (0) 161 200 15 03 Fax +44 (0) 161 200 15 04
publications@cornerhouse.org

Außerhalb Europas / Outside Europe
D.A.P. / Distributed Art Publishers, Inc. 155 6th Avenue, 2nd Floor USA-New York, NY 10013 Fon +1 (0) 212 627 1999
Fax +1 (0) 212 627 9484
eleshowitz@dapinc.com

ISBN 978-3-86335-390-2

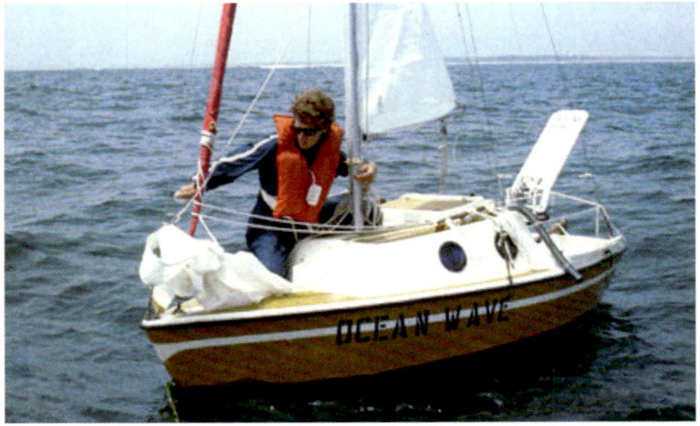

Bas Jan Ader 1975